RÉUSSISSEZ L'ORIENTATION DE VOS ENFANTS

Gérard ROUDAUT

Pour Joyce, Cédric et Félix, mes meilleurs inspirateurs.

SOMMAIRE

Il y a peu d'autres décisions exerçant une aussi profonde influence
sur la vie des gens que le choix d'une filière d'études ou d'une profession.
Pas simplement parce que la plupart des gens passeront au travail
beaucoup plus de temps que dans toute autre activité,
mais parce que ce choix affectera de manière significative
leur style de vie. En cela, on peut dire que le choix d'un métier
est en lien avec le bien-être physique et mental futur.

Gail Hacket

INTRODUCTION

Laissez-moi commencer par vous raconter une histoire qui va vous aider à mieux comprendre ce que nécessite une orientation réussie. Cette histoire concerne une jeune fille de 20 ans, que j'ai suivie dans le cadre de la Maison de l'orientation. Je l'appellerai Manon et certains détails seront modifiés pour préserver son anonymat.
J'ai rencontré Manon car elle ressentait le besoin d'être aidée pour changer d'orientation. Après une série d'échecs scolaires, elle avait « atterri » dans un BT (brevet de technicien) dans le domaine comptable. Le problème, c'est que Manon n'y trouvait aucun plaisir et qu'elle désespérait ses professeurs. Ceux-ci pensaient qu'elle échouerait à l'examen final et ne voyaient pas vraiment d'avenir pour elle dans ce secteur. « Trop tête en l'air et pas assez méthodique », disaient-ils.

La chance ne sourit qu'aux esprits bien préparés.
Louis Pasteur

L'homme n'est rien en lui-même. Il n'est qu'une chance infinie. Mais il est le responsable infini de cette chance.
Albert Camus

Manon se croyait « nulle »
Manon était une jeune fille très émotive et sensible et, à l'époque, elle était très découragée. Sa maman l'élevait seule, pleine d'attention et de bonne volonté, et ne savait plus quoi faire pour l'aider. Mon premier travail consista à faire passer à Manon un questionnaire d'intérêts (voir la partie II « Qui est votre enfant ? »). Nous découvrîmes ensemble qu'elle était très imaginative et coopérative. Elle faisait d'ailleurs de la peinture depuis plusieurs années et la découverte de nouvelles personnes était très importante pour elle. Elle me montra des reproductions de ses peintures pleines de talent et de sensibilité, ce qui allait à l'encontre de l'image de « bonne à rien » qui poursuivait Manon.
Manon avait connu une enfance difficile, troublée par des difficultés rencontrées dès sa naissance. En effet, elle était née avec quelques handicaps physiques réversibles, mais qui lui avaient laissé une fragilité sur le plan social. En effet, jusqu'à l'âge de 6 ans, elle n'avait pas pu avoir les mêmes activités que les autres enfants. Peu habituée aux contacts avec ses pairs, ses difficultés à l'école avaient commencé très tôt. Nous y reviendrons, mais disons que pour Manon l'école a toujours été synonyme d'échec.
Fort de tous ces éléments d'information, je proposai à Manon de chercher ensemble une orientation correspondant mieux à ses centres d'intérêt, et donc à sa personnalité. Très consciencieusement, elle se rendit à de nombreux salons spécialisés pour rencontrer des professionnels et des écoles. D'abord intéressée par le travail du vitrail, elle opta finalement pour une formation de tapissier décorateur, c'est-à-dire l'apprentissage de la fabrication et de la réparation de parures de sièges, fauteuils et canapés, mais aussi de la conception et de la pose de revêtements muraux. Elle avait visité un établissement où elle serait pensionnaire et la dimension

Opposer l'individu à la société, c'est lui décortiquer le cerveau.
Henri Wallon

Les esprits sont comme les parachutes. Ils ne fonctionnent que quand ils sont ouverts.
Louis Pauwels

humaine de l'établissement ainsi que la perspective de pouvoir prendre un peu d'indépendance lui plaisaient bien. Sur ce, elle partit en vacances, d'où elle m'appela à deux ou trois reprises pour me parler de ses découvertes de sièges anciens recouverts de tissus et velours précieux. Tout s'annonçait donc pour le mieux dans le cadre de la rentrée suivante.

On demanda une fois à Freud ce qu'il considérait comme le comportement d'une personne normale. Celui qui posait la question s'attendait sans doute à une réponse compliquée. Mais Freud, dans le style sec de ses vieux jours, lui répondit simplement : "Aimer et travailler." Cela vaut la peine de méditer cette formule simple.
Erik H. Erikson

Rassurer les autres pour qu'ils nous rassurent

Septembre venu, c'est le cœur léger que Manon se lança dans cette nouvelle aventure. Moins de quinze jours plus tard, pourtant, c'est en larmes qu'elle m'appela. Elle me confirma que cette voie lui allait parfaitement, que ses camarades étaient très sympas, mais que le professeur, lui, n'était pas content d'elle, trouvait qu'elle était trop lente et lui avait même conseillé d'envisager de changer d'orientation car, selon lui, un an ne lui suffirait pas à se former à la tapisserie décoration. Parallèlement, sa mère montrait de nouveau son inquiétude sur les capacités de Manon à réussir un jour, ce qui décourageait bien sûr encore plus cette dernière.

Je tentai de rassurer Manon en lui expliquant, notamment, que toute la situation venait de son manque de confiance en son efficacité personnelle. En effet, associant l'école à l'échec, le fait d'avoir un objectif et un environnement dans lequel elle se sentait bien ne suffisait visiblement pas à lui faire abandonner ses mauvaises croyances sur elle-même. Du coup, elle ne pouvait pas donner tout le meilleur d'elle-même, continuait à paniquer devant certaines situations d'apprentissage, ayant peur de ne pas réussir, ce qui engendrait les comportements de son professeur et de sa mère. Aussi étonnant que cela puisse paraître, ils avaient eux aussi besoin d'être rassurés !

Je lui donnai alors un conseil simple : aller trouver son professeur, lui raconter les difficultés qu'elle avait souvent rencontrées dans ses études, bien lui dire que, cette fois, elle avait envie de réussir car la matière lui plaisait et qu'avec un peu d'efforts, elle se sentait capable d'y arriver. Je lui suggérai d'ajouter qu'elle avait vraiment besoin de ses encouragements. C'est ce qu'elle fit. Certains d'entre vous seront peut-être étonnés d'apprendre que le professeur s'excusa et lui dit qu'elle avait bien fait de venir le voir. Dorénavant, il tâcherait de prendre en compte sa situation particulière. Avec sa mère, ce fut moins simple, mais les parents se sentent parfois tellement responsables, voire coupables, des difficultés de leurs enfants qu'ils ont du mal à relativiser et à prendre en compte ce qui est de l'ordre des croyances que nous avons tous. Cette démarche produisit néanmoins de tels effets que Manon progressa très rapidement et qu'elle se vit même proposer de travailler sur les sièges qu'amenaient des « clients » extérieurs à l'école, ce qui était une véritable marque de confiance dans ses capacités. Elle obtint ensuite son diplôme avec les félicitations du jury et choisit de poursuivre sa formation au Royaume-Uni, grâce à une bourse de son Conseil régional et de l'Europe.

La paix vient non pas de l'absence de conflit, mais de l'aptitude à y faire face.
Dan Millman

La croyance en son efficacité personnelle

Manon a connu des difficultés qu'heureusement peu de personnes connaissent. Pourtant, son histoire permet de mieux comprendre ce qui sous-tend une orientation réussie. A l'origine de toutes nos réussites, il y a la croyance en notre capacité à réussir telle ou telle action. J'y reviendrai longuement (dans la partie II, chapitre I « L'important, c'est d'y croire »), mais notons d'ores et déjà cette réalité simple : nos succès passés entraînent nos succès futurs et, bien sûr, nos échecs passés entraînent nos échecs futurs.

Le phénomène est simple : si nous avons réussi quelque chose dans un domaine donné, nous prenons conscience que nos actions peuvent avoir un effet bénéfique sur notre vie. Nous pensons alors que ça vaut le coup d'agir. Les chercheurs appellent cela le sentiment d'efficacité personnelle. Une personne qui en est dotée a confiance dans sa capacité à comprendre la nature des problèmes qu'elle rencontre : elle les perçoit comme explicables, prévisibles, ordonnés. Elle peut faire face aux pressions qui l'entourent et les situations deviennent autant de challenges à relever et donnent envie d'utiliser toute son énergie. A l'inverse, si nous avons connu l'échec à plusieurs reprises, nous pensons facilement que, quoi que nous fassions, nous n'aboutirons à rien de bon. Nous avons alors le sentiment de ne pas contrôler la situation. Beaucoup de gens préfèrent ne rien entreprendre, plutôt que de prendre le risque d'échouer… C'est ainsi !

J'aimerais m'occuper de personnes en difficulté physique, mentale ou sociale. J'aime que les personnes se confient à moi et me demandent de l'aide. Dans cinq ans, je me vois les yeux pétillants de joie et d'émotion lorsque je discuterai avec mes patients.
Audrey, 18 ans

Mais ne confondons pas ce sentiment d'efficacité personnelle avec la confiance en soi. Cette dernière dépend beaucoup plus du regard que nous pensons que les autres portent sur nous, que de notre interprétation de nos réussites ou de nos échecs. Nous avons tous besoin de beaucoup plus qu'une estime de soi élevée pour agir. Il existe des personnes performantes qui sont très exigeantes avec elles-mêmes et qui se fixent des objectifs difficiles à atteindre. D'autres, par contre, peuvent ressentir une estime de soi élevée parce qu'elles n'exigent pas beaucoup d'elles-mêmes ou qu'elles tirent leur estime de soi d'autres sources que la réussite personnelle. Une bonne estime de soi ne conduit d'ailleurs pas forcément à de bonnes performances. Celles-ci sont toujours le produit d'efforts disciplinés. Nous avons tous besoin d'une solide confiance en notre efficacité pour commencer et poursuivre l'effort nécessaire pour réussir.

J'aime beaucoup discuter avec les gens, parler de leur façon de vivre, de faire ou de penser, car tout le monde est différent. Je suis ouverte, je m'intéresse à beaucoup de choses différentes et surtout, je rêve de voyager, mais pas comme une touriste. Au contraire, je voudrais discuter avec des gens et aller voir des peuples peu connus. Peut-être est-ce un projet un peu utopique, mais je pense que tout ou presque est possible quand on y croit très fort.
Charlotte, 17 ans

Le sentiment d'efficacité collective

Ceci étant, les autres ne sont pas sans influence sur le niveau de notre sentiment d'efficacité personnelle. Comme nous l'avons vu dans le cas de Manon, une mère (ou un père !) peut jouer alternativement un rôle positif dans les croyances de son enfant (en lui montrant qu'elle croit en lui, notamment) ou négatif (en lui montrant son inquiétude, par exemple). Au-delà des parents, les adultes que côtoient les enfants, particulièrement les professeurs, ainsi que leurs amis et connaissances, jouent également un rôle important. En confiant des travaux délicats à Manon, le professeur lui a montré sa confiance dans son efficacité. Elle s'est sentie alors d'autant plus capable. On touche là à une sorte de sentiment d'efficacité collective.

Les autres interviennent d'ailleurs de mille et une façons. Ils sont d'abord pour nous une source d'expériences. Si je vois quelqu'un qui réussit quelque chose, je me dis alors « *Pourquoi pas moi ?* ». Surtout si je peux facilement m'identifier à lui en termes d'âge, de sexe, de situation, etc. Parallèlement, il est un exemple dont je peux m'inspirer en regardant comment il fait. Un bébé a envie de marcher parce que c'est dans la nature humaine, mais aussi parce qu'il voit d'autres jeunes enfants marcher. Sa première grande réussite, qui est le moment où il arrive à se tenir en équilibre sur ses deux pieds, l'encourage ensuite à persévérer.

Un homme qui n'a pas sa part de tendresse est une demi-portion.
Romain Gary

Dans la partie II, chapitre I « L'important, c'est d'y croire », je reviendrai d'ailleurs sur l'importance de la difficulté dans l'obtention d'un succès. Plus c'est difficile et plus c'est porteur de réussites futures.

On voit l'importance d'encourager nos enfants à faire des expériences différentes. C'est en diversifiant les expériences que les enfants deviennent capables de faire la différence, et donc de choisir entre les bonnes et les mauvaises. Et ce, d'autant plus qu'ils se sentent encouragés par leurs parents, qui sont là pour en parler avec eux, en toute confiance et ouvertement.

Il n'y a qu'une seule réussite : arriver à vivre sa vie comme on l'entend.
Christopher Morley

Contrairement à ce que pensaient nos ancêtres, nos enfants ne sont pas de petites machines sans cervelle que l'on doit conditionner et punir pour éviter qu'ils ne deviennent naturellement mauvais. Les limites indispensables que nous devons leur donner peuvent et doivent se baser sur l'échange d'expérience et le dialogue. Comme le dit Pierre Angel dans son livre *Le Bonheur en famille* (éditions Odile Jacob), « *Les familles dont on peut juger le fonctionnement efficace face à l'adversité sont celles qui ont la capacité d'envisager plusieurs solutions* "pour se battre", *qui savent analyser la situation selon différents points de vue et adapter leurs réponses de manière très pragmatique. A l'inverse, les familles en* "échec" *sont celles qui se bornent à une explication unique, de type cause à effet, qui cherchent* "un bouc émissaire" *pour l'endosser ou qui se chargent d'une lourde culpabilité avec un fort sentiment d'échec collectif. Au sein de ces familles en difficulté, il n'est pas rare de rencontrer des personnes qui s'autodéprécient : elles sous-estiment leur capacité de réaction et exagèrent l'importance de leurs erreurs ; elles ont presque toujours une vision catastrophique de l'avenir et sont persuadées qu'elles ne peuvent en attendre que le pire. Ces sentiments paralysent toute action et conduisent à des comportements d'échec. Dans ces familles, le pessimisme est contagieux et se transmet à tous.* » Le contraire est également vrai…

Suivre sans relâche un but : voilà le secret du succès.
Anna Pavlova

Encouragez-les… Il en restera toujours quelque chose !

Les autres interviennent aussi dans nos croyances par leurs encouragements : on appelle cela la persuasion verbale. D'où le rôle important que nous jouons, nous autres les parents. Il est facile de dire à son enfant quand il fait mal, mais pensons-nous toujours à signaler ses réussites ?

Les compliments, et ce d'autant plus qu'ils sont mérités, jouent un rôle incomparable dans le développement de nos enfants, et donc dans leur orientation, qui suppose une croyance forte dans leur avenir. A la Maison de l'orientation, nous sommes très souvent face à une simple absence de compliments des parents vis-à-vis de leurs enfants. Manque de temps, manque de tact, trop forte inquiétude sur leur avenir, difficultés à dire parfois simplement les choses… ? Toujours est-il que cet oubli est très souvent à la source des difficultés d'un enfant et son opposé est toujours un outil puissant pour remettre les choses en place.

Il faut essayer d'être heureux, ne serait-ce que pour donner l'exemple.
Jacques Prévert

Dans l'histoire de Manon, on voit aussi très bien que le sentiment de compétence personnelle n'est pas seulement l'affaire de l'enfant qui veut s'orienter. En ne se pensant pas totalement capable d'aider sa fille, la mère de Manon ne trouve pas facilement la solution. C'est une mère aimante, mais tant qu'elle n'a pas un bon sentiment d'efficacité personnelle quant à sa capacité d'aider sa fille à trouver une bonne orientation, elle n'y arrive qu'imparfaitement. Cela n'induit bien sûr aucun jugement de valeur. Le sentiment de culpabilité que nous avons parfois en tant que parents n'est lui-même qu'une mauvaise croyance. Il suffit, le plus souvent, d'en prendre conscience pour l'atténuer. C'est la raison pour laquelle, d'ailleurs, je vous proposerai plus loin de « mesurer » votre propre sentiment d'efficacité en tant que parents (voir la partie I, chapitre I « L'orientation, une affaire d'équipe »).

Dans la vie on ne regrette que ce qu'on n'a pas fait.
Jean Cocteau

Des méthodes pour s'orienter

Si, comme nous le verrons, le sentiment de compétence, personnel et collectif, est essentiel dans le processus d'orientation, beaucoup d'autres éléments interviennent, à commencer par la difficulté qu'il y a aujourd'hui à s'orienter dans un monde en changement. Face à un monde imprévisible, justement, nous verrons que l'orientation est une affaire d'équipe (partie I, chapitre I). Cette idée sous-tend littéralement cet ouvrage et c'est même, disons-le, la raison qui m'a poussé à l'écrire. Que ce soit par mon expérience personnelle ou en lisant les constats que font les sociologues et les professeurs, j'ai toujours été frappé par le fait que ceux qui réussissent à l'école, et qui ont donc le plus large choix d'orientation, ne sont pas forcément les plus doués, ni même d'ailleurs les plus méritants, mais toujours ceux qui sont le mieux entourés.

L'oiseau chante même quand la branche craque, car il sait qu'il a des ailes.
Salvador Diaz Miron

La question provocatrice que je propose dans le chapitre II, « L'école désoriente-t-elle nos enfants ? » de la partie I, participe de la même idée : comment réussir à faire équipe avec tous les acteurs concernés et à quelles conditions cela est-il possible ?

Dans la partie II « Qui est votre enfant ? », je vous propose deux méthodes simples pour vous permettre tout à la fois d'aider celui-ci à découvrir ses vrais potentiels, mais aussi de le doter d'outils d'aide à la décision qui lui permettront de s'orienter aujourd'hui et tout au long de sa vie. Dans l'avenir, il semble en effet qu'il sera important de savoir faire face aux changements et à l'imprévu pour, en permanence, être capable de se repositionner en « réaménageant » ses motivations et ses compétences. Sentiment de compétence personnelle fort, respec de ses centres

On ne voit bien qu'avec le cœur. L'essentiel est invisible pour les yeux.
Le Petit Prince
Saint-Exupéry

d'intérêt, de ses expériences optimales et de ses principales formes d'intelligence sont les bases solides sur lesquelles votre enfant devra construire son avenir. Les méthodes proposées, par leur simplicité, vous montreront qu'aider efficacement son enfant dans son orientation mais aussi dans ses méthodes de travail est possible, sans pour autant avoir besoin d'être psychologue ou spécialiste de l'information sur les études et les métiers.

Enfin, la partie III nous permettra de mettre au point un premier « projet d'orientation » qui, non seulement, correspondra au mieux aux opportunités qui existent et existeront dans les années à venir, mais tiendra également compte de la vraie nature de votre enfant. Vous pourrez enfin envisager des chemins et des filières d'études pour y arriver, sans pour autant avoir mis la charrue avant les bœufs.

PARTIE I

S'ORIENTER DANS UN MONDE EN CHANGEMENT

Lorsque nous évitons de prendre nos responsabilités,
nous les transmettons à d'autres.
Mais ce faisant, nous confions notre pouvoir à ces autres.

Scott Peck

Ce que vous allez apprendre dans cette partie :

• L'orientation, une affaire d'équipe

Obnubilés par la réussite de nos enfants, nous commettons souvent l'erreur de polariser notre attention sur leurs seuls résultats scolaires. Ce faisant, nous passons parfois à côté de l'essentiel, qui est leur épanouissement présent et futur. Ce module vous propose une stratégie pour sortir du cercle vicieux de l'excellence scolaire, mais aussi du sentiment de culpabilité qui nous habite souvent, nous les parents.

Je vous propose en quelque sorte de gagner en sérénité, pour consacrer toute votre énergie à aider votre enfant à faire des choix d'orientation raisonnés et porteurs d'une vraie réussite.

• L'école désoriente-t-elle nos enfants ?

L'école est au centre du débat sur l'avenir de nos enfants. Les prépare-t-elle vraiment à un monde qui change ? Est-elle juste ou, au contraire, ne favorise-t-elle pas certains enfants au détriment des autres ? Disons-le clairement, elle cristallise beaucoup les craintes des parents, justement par rapport à l'avenir de leurs enfants. Est-il encore possible de « faire équipe avec l'école » ? Ce module vous invite à la réflexion pour que vous puissiez vous faire votre propre opinion sur la question.

1 - L'ORIENTATION, UNE AFFAIRE D'ÉQUIPE

L'inquiétude face à l'avenir, une forte pression plus ou moins consentie de la part de ceux qui nous entourent, des médias, et notre désir de donner le meilleur à nos enfants nous empêchent parfois de nous concentrer sur la seule valeur qui vaille : leur épanouissement. Ce module, à travers des témoignages et des outils d'autoévaluation, se propose d'apporter un éclairage particulier sur ce phénomène si fréquent qui consiste à confondre parfois l'arbre avec la forêt...

Quand cela a-t-il commencé ? Lorsque vous avez constaté que votre enfant ne savait pas encore lire alors qu'une petite voisine déchiffrait déjà les mots sur les affiches ? Lorsqu'il a frôlé le redoublement en fin de troisième ? Devant ses notes déplorables en mathématiques ? Quand il a été « orienté » vers une première ES ? Devant ce que vous considérez comme un manque de maturité ?

Si tu veux convaincre un homme à ta cause, convaincs-le d'abord que tu es son ami.
Abraham Lincoln

Il y a toujours un moment où la comparaison avec le résultat d'autres enfants de la famille ou de l'entourage, un mauvais résultat, même passager, ou la simple médiatisation de « l'idéal scolaire » nous font tout d'un coup douter des capacités de nos enfants. Nous craignons alors qu'ils ne puissent pas être à la hauteur dans la lutte impitoyable pour l'obtention des meilleures places.

LA RECHERCHE DU MEILLEUR POUR NOS ENFANTS

L'inquiétude est souvent sous-jacente quand on réfléchit à la meilleure orientation possible pour nos enfants. Elle nous pousse à redoubler de vigilance et à utiliser tous les moyens d'information possibles, de peur de passer à côté de quelque chose. Quoi de plus légitime que de rechercher le meilleur pour nos enfants ? N'est-ce pas notre rôle de parents que de les préparer au meilleur avenir possible ? Pourtant, en tant que parents, la frontière entre une attitude responsable et « abusive » est parfois ténue. Nous subissons tous la pression des médias, mais aussi celle de la société tout entière. Notre belle-sœur, nos collègues de travail, le professeur principal de notre enfant, nos amis d'enfance, etc., tous nous décrivent l'enfant idéal, sinon parfait. Du coup, reconnaissons-le, nous craignons que nos enfants, loin des critères visiblement prônés par tous, ne connaissent pas les réussites de leurs camarades, qu'ils ne sachent pas se mesurer aux attentes de la société.

Nous devons tous souffrir deux sortes de douleurs : la douleur d'une discipline ou celle du regret. La différence entre les deux est que la discipline pèse des onces tandis que le regret pèse des tonnes.
Jim Rohn

Il est vrai que le monde est devenu de plus en plus imprévisible. Qui aurait pu prévoir il y a trente ans qu'une société comme la Pan Am, première compagnie aérienne américaine, disparaîtrait de la même façon que l'Union soviétique, pourtant alors considérées toutes les deux comme immuables ? Qu'IBM se verrait concurrencé, puis totalement dépassé par un de ses sous-traitants, Microsoft, puis revendrait sa division grand public à une firme chinoise ? Etait-il prévisible, ne serait-ce qu'il y a vingt ans, qu'un médecin de ville, jadis notable envié, ne serait bientôt guère mieux rémunéré qu'un cadre informatique, ou encore qu'une nounou serait un jour plus recherchée qu'un ouvrier hautement qualifié ? Les avancées techniques, la mondialisation de l'économie et les évolutions des modes de vie et d'organisation sociale ont en effet rendu le monde tellement mouvant que rien ne semble plus définitivement acquis.

Le règne des apparences

Rares sont les gens capables d'exprimer avec impartialité des opinions qui diffèrent des préjugés qu'on a dans leur milieu social. La plupart des gens sont même incapables de concevoir pareilles opinions.
Albert Einstein

Dans le concert des analyses plus ou moins pessimistes qui sont légion, émergent quelques voix qui nous proposent de revenir à plus de mesure dans notre « plainte ». Notre problème est-il uniquement lié à l'incertitude que nous ressentons quant à la possibilité qu'auront nos enfants de vivre dignement ? La situation économique et sociale, actuelle et prévisible, est-elle tellement dramatique pour que nous nous inquiétions à ce point pour leur avenir ? Compte tenu des changements continus et des surprises, bonnes et mauvaises, que ceux-ci nous ont si souvent réservés, comment pouvons-nous être tellement persuadés que le pire, plutôt que le meilleur, est certain ? Que fait-on de la capacité d'adaptation que l'homme, en maintes circonstances difficiles, a su manifester ?

Concurrence, quand tu nous tiens !

Aimer par les yeux des autres.
William Shakespeare

Une partie au moins du problème n'est-elle pas dans le besoin que nous avons parfois d'être et de faire « mieux que les autres » ? Chaque société possède ses miroirs dans lesquels chacun est censé découvrir sa « valeur ». Au-delà des seuls aspects matériels (avoir un toit, nourrir sa famille, prendre des vacances, etc.), nous recherchons notre identité à travers ce que la société valorise. Dans son livre *Que transmettre à nos enfants ?* (éditions du Seuil), l'historien Marc Ferro illustre le phénomène en se servant d'une comparaison simple : « *A quoi reconnaît-on un bon médecin ? Pour un Américain, c'est celui qui fait beaucoup d'argent ; pour un Allemand, c'est celui qui est le plus savant et, pour un Anglais, c'est celui qui soigne la reine !* »

Dans le monde actuel, ce qui est censé « distinguer », c'est, pour faire vite, le fait d'être connu, de passer à la télévision, d'être original, de faire ce que personne d'autre ne fait, d'avoir une « vie intense ». Même l'argent n'a plus forcément la même force d'attraction qu'auparavant. « *Ce qui compte c'est la visibilité, la célébrité, le besoin d'exister par tous les moyens, même si cela ne rapporte pas un centime* », poursuit Marc Ferro. Recherche de la nouveauté et primat de la réussite, fût-elle basée sur le simple paraître, influencent progressivement toutes les sphères de la vie sociale.

Comme nous l'explique René Girard dans *La Culture dévoilée* (éditions Desclée de Brouwer), plus nous cherchons à être différents et plus, finalement, nous sommes semblables et donc en compétition avec le reste du monde. En effet, le désir d'être différent n'existe que par rapport au regard de l'autre. Cette quête de la différence pour la différence est sans fin et elle fait de nous des éternels insatisfaits. D'autant qu'à chaque nouvelle insatisfaction, nous nous sentons responsables de ce qui nous apparaît comme une nouvelle défaite. Cette mise en concurrence perpétuelle est d'ailleurs devenue l'argument principal de tant d'émissions de télévision et d'événements culturels, de la Star Academy aux manifestations sportives. Cette « mimétologie » qui, paradoxalement, nous pousse à imiter pour nous sentir différents nous concerne comme elle concerne nos enfants. Il suffit d'écouter les descriptions louangeuses que font certains parents de leurs enfants pour s'en persuader. Dans un monde du tout paraître, les enfants font eux aussi partie de la panoplie.

Bien faire et laisser braire.
Devise des Compagnies muletières marocaines

LA PARENTOCRATIE

Dans un numéro spécial de la très sérieuse *Revue internationale d'éducation* consacrée à la formation des élites, deux sociologues de l'Observatoire de sociologie du changement, Agnès Van Zanten et Brigitte Darchy-Koechlin, parlent de « *parentocratie* » pour définir le nouveau comportement des parents vis-à-vis de l'éducation et, de manière plus générale, de l'obligation de réussite des enfants. Selon ces deux chercheuses, la méritocratie, censée permettre une certaine égalité des chances, est aujourd'hui battue en brèche par les logiques de marché auxquelles participent les familles. « *Les parents se sont introduits dans les principes de sélection de l'école car, à côté des notes, des examens, des concours, interviennent des logiques relevant d'un principe de marché. Les parents essaient d'infléchir les destins déterminés par les résultats scolaires (avec les cours particuliers par exemple) et se soumettent de moins en moins à la logique de l'institution (ils mettent tout en œuvre pour que leurs enfants fréquentent les meilleurs établissements).* » (Propos rapportés dans *Le Monde de l'éducation*, octobre 2005)

Je me garderai bien d'émettre un jugement de valeur définitif et encore moins de donner des « solutions » toutes faites quant à cette façon de faire si largement partagée. Je voudrais simplement souligner l'importance que ce type de comportement peut avoir sur l'orientation de nos enfants.

Si votre enfant est un élève particulièrement travailleur, une telle stratégie est justifiée et utile. Dans un système qui garde tout de même encore quelques liens avec le principe démocratique de la méritocratie, il est possible que le système lui-même vous propose de vous aider à « pousser » votre enfant. Les dispositifs mis en place par Sciences Po Paris et quelques grandes écoles, à l'initiative notable de l'Essec, et qui consistent à tendre la main à des élèves méritants de Zep (Zones d'éducation prioritaires) vont dans ce sens. Par contre, si votre enfant, bien que surdoué (ils le sont tous !), ne réussit que moyennement, ce type de comportement peut vite tourner à la stratégie perdante.

En tant que parents, nous sommes des repères, plus importants d'ailleurs que ce que nous imaginons parfois devant l'attitude apparemment indifférente de nos enfants. Au-delà de la période d'adolescence, parfois tourmentée, nos enfants sont en attente et en demande, même lorsqu'ils ne le montrent pas forcément. Je suis toujours frappé de constater le décalage qui existe parfois entre le « ressenti » des parents et la réalité de ce que leurs enfants vivent et pensent. Alors que les uns se sentent parfois presque « ringards » par rapport aux seconds, ces derniers aimeraient « trop pas » que leurs parents réagissent et les aident à affronter leur avenir.

Pousser nos enfants à la réussite quel que soit par ailleurs leur talent, notamment du point de vue scolaire, c'est prendre de gros risques. Combien d'enfants échouent par peur de ne pas réussir ? Autrement dit, combien de nos chères têtes blondes trébuchent dans les études faute d'avoir des objectifs plus raisonnables à atteindre ?

Avec tes défauts, pas de hâte. Ne pas les changer à la va-vite. Qu'irais-tu y mettre à la place ?
Henri Michaux

Les prédictions autoréalisatrices

Je dois avouer que des parents exigeants, j'en rencontre beaucoup. Le plus souvent, leur exigence est justifiée, car un enfant ne peut pas être systématiquement encouragé à se laisser vivre. Une exigence bien calculée vaut souvent mieux que la crainte de ne plus plaire à son enfant. Cela lui est même plus profitable sur le long terme (voir plus loin l'atelier « Que transmettre à nos enfants ? »). Mais parfois aussi, je rencontre des parents qui n'ont même pas conscience des dégâts que provoque le niveau injustifié de leur exigence. Il m'est arrivé d'aider une jeune fille intelligente et qui avait fait de brillantes études, mais qui n'avait aucune croyance en son efficacité personnelle. « *C'est simple, même lorsque j'avais de bonnes notes, je me faisais reprendre car je n'étais pas première* », me dit-elle un jour. Son père, lui-même brillant, n'avait pas su la rassurer ni l'encourager pour autre chose que la réussite dans les études. Son objectif avait été atteint, mais à quel prix ? La peur de ne pas être à la hauteur poussait sa fille à se fixer des challenges de plus en plus difficiles à atteindre et elle avait, paradoxalement, une déplorable image d'elle-même. Sur la question de ses choix d'orientation, ce fut très difficile de l'aider, car elle ne savait qu'étudier. Elle m'avoua d'ailleurs que pas une seule fois pendant la durée de ses longues études, elle n'avait pensé à ce qu'elle pourrait faire plus tard. Par son attitude trop exigeante, son père ne l'avait « programmée » que pour les études.

Je me rappelle également d'un jeune homme, plutôt sympathique, mais que son père s'ingéniait à orienter vers la filière médecine, malgré ses

résultats très moyens en classe. Le père essaya tout, jusqu'à lui interdire de voir ses copains. L'adolescent devint totalement démotivé jusqu'au jour où son père, lui-même découragé, décida de ne plus s'occuper de son cas. Il dirige aujourd'hui un centre de remise en forme et il est très apprécié de ses clients.
Encore ne s'agit-il ici que d'exemples de jeunes qui ont su faire preuve de résilience en transformant une mauvaise expérience en une réussite personnelle. Combien d'autres enfants ont gardé des « séquelles » les empêchant de vivre une vie professionnelle enrichissante ? En poussant nos enfants de manière excessive, nous leur envoyons parfois un message auquel nous ne pensons pourtant pas : celui de leur incapacité. Un enfant plus fragile qu'un autre, en se voyant grondé indûment pour des résultats moyens, peut facilement se sentir fautif. Incapable d'agir efficacement face à une pression trop grande, il risque alors de perdre tous ses moyens et d'entrer dans le cercle vicieux de l'échec scolaire. C'est ce qu'on appelle une prédiction autoréalisatrice. Dites à un enfant qu'il n'est pas bon à l'école et, à coup sûr, il deviendra le meilleur des cancres. Comme nous le verrons dans le chapitre I « L'important, c'est d'y croire » de la partie II, rien n'est plus décourageant que de se s'entendre répéter qu'on est nul.

Le ministère de l'Education québécois fit jadis l'expérience suivante. Deux inspecteurs furent chargés de faire passer des tests de connaissance aux élèves d'un collège donné. Leur vraie mission (qui devait rester secrète pour réussir !) était de désigner au hasard deux élèves moyens pour les déclarer ensuite « surdoués » ou, en tout cas, capables de faire beaucoup mieux dans un environnement plus adéquat. Une fois leur mission remplie, les deux inspecteurs allèrent trouver les responsables d'un collège où statistiquement les élèves obtenaient de meilleurs résultats et leur proposèrent d'inscrire nos deux « héros ». Ceux-ci, bien sûr, n'étaient pas dans la confidence. Que croyez-vous qu'il se passa pendant l'année scolaire suivante ? Les deux élèves se mirent à travailler très consciencieusement, forts de l'assurance qu'ils en étaient capables. Leurs résultats, bien sûr, s'en ressentirent.

Faire équipe avec son enfant

A ceux qui me diront qu'il est bien difficile de ne pas être en concurrence dans un monde bâti précisément sur la concurrence, je raconterai une petite histoire, celle du fou qui se prend pour un grain de blé. Un matin, le fou se réveille « guéri ». Il va trouver le directeur de l'hôpital psychiatrique où il est retenu pour lui annoncer la bonne nouvelle. Quelques examens suffisent à ce dernier pour confirmer le diagnostic et signer les papiers de sortie de notre ami, qui rentre chez lui. Quelques minutes plus tard, bruits dans l'escalier, la porte s'ouvre, se referme, c'est l'ex-fou, essoufflé : « *Monsieur le directeur, c'est vrai que je ne me prends plus pour un grain de blé, mais est-ce que vous avez prévenu les poules ?* »

Il est bien sûr impossible de vivre en autarcie sans se préoccuper de l'avis de son entourage ni des valeurs mises en avant par la société. Seuls les snobs, tels que ceux décrits par Proust, pensent pouvoir être au-dessus de la mêlée. Mon expérience auprès des parents me prouve que l'on peut néanmoins très bien relativiser cette « dépendance », tout en allant dans le sens du meilleur pour nos enfants. Pour cela, une seule ligne de conduite est possible : faire équipe avec son enfant.

En étant au plus près de ses besoins compte tenu de sa personnalité et de ses centres d'intérêt, on risque moins de confondre résultats scolaires et orientation, désir de briller et épanouissement personnel. Dans le chapitre II « Des intérêts et des valeurs pour la vie » de la partie II, je vous ferai découvrir une méthode très efficace pour mieux cerner les intérêts de votre enfant. Les intérêts bien compris deviennent facilement de la motivation, sinon pour choisir et prendre des décisions, du moins pour trouver l'envie de s'informer sur les études et/ou les métiers qui correspondent le mieux à ces intérêts.

De nombreuses études ont montré que les individus fréquentant diverses filières de formation ou exerçant des professions différentes se distinguent par leur profil d'intérêts (voir à ce sujet *Psychologie de l'orientation*, de Jean Guichard et Michel Huteau, éditions Dunod). Cette différentiation des profils selon les filières et les secteurs étant, pour une part importante, antérieure à l'entrée dans la formation ou dans la profession, la « prédiction » est donc possible. Plusieurs études ont montré que la présence des individus dans les formations et les professions peut être prédite dans 50 % des cas. Dans une analyse statistique interne sur 60 000 profils TRICAM (voir la partie II), nous avons constaté que dans plus de 79 % des cas, le profil était corrélé avec une déclaration d'intention (en termes de formation ou d'activité professionnelle) en cohérence avec ce profil. Ce qui veut dire que, de manière plus ou moins intuitive, la plupart des gens cherchent à s'orienter en tenant compte de leurs centres d'intérêt et, peut-être même, « poussés » par eux.

De même, vous trouverez aussi dans cette deuxième partie des outils pour mieux identifier les différentes formes d'intelligence de votre enfant. En effet, selon les recherches de Howard Gardner, aujourd'hui très utilisées par les pédagogues, chaque être humain utilise, dans son comportement, des intelligences multiples au-delà de l'unique intelligence logique (qui seule est concernée par le fameux quotient intellectuel ou QI). Cette approche vous aidera également à enrichir la réflexion de votre enfant sur son orientation.

Soyons clairs, il ne s'agit pas, avec ces outils, de trouver LA formation ou LE métier qui va correspondre à votre enfant, à l'exclusion de tout autre choix. L'objectif est à la fois plus simple et plus ambitieux : il s'agit de trouver des pistes de réflexion pour ensuite pouvoir investiguer.

L'orientation est un processus qui se fait par étapes. Contrairement à ce que nous pensons souvent, il n'existe pas de choix à faire une fois pour toutes. L'orientation est, au contraire, une suite de petites décisions, parfois en apparence contradictoires. Si certains des choix imposés (en fin de troisième, pour l'après-bac, pour la poursuite d'études, etc.) nous paraissent déterminants, l'analyse des itinéraires professionnels de ceux qui sont déjà dans la vie active est là pour nous montrer que l'orientation n'est que rarement une ligne droite. Même certains essais-erreurs peuvent s'avérer, avec le temps, des actions qui auront été profitables pour avancer (voir la partie III).

LES ÉTAPES D'UNE ORIENTATION RÉUSSIE

Les Québécois ont précisé ce que devaient être les étapes d'une orientation réussie :

L'exploration

Il s'agit d'accumuler des informations sur soi et sur les différents métiers. C'est dans cette phase que l'on peut s'aider de tests et de quiz tels que le profil TRICAM proposé dans le chapitre II « Des intérêts et des valeurs pour la vie » de la partie II, qu'il faut se documenter pour enrichir ses connaissances et sa réflexion, et rencontrer un conseiller d'orientation. C'est aussi à cette étape que l'intuition est utile : celle de votre enfant, mais aussi la vôtre et celle de votre entourage. Il s'agit, nous l'avons dit, d'un travail d'équipe.

La cristallisation

Elle permet de réaliser une synthèse personnelle des informations disparates générées lors de l'exploration. La cristallisation met en jeu une pensée plus logique et plus systématique. Elle doit déboucher sur une sorte de bilan qui fait la balance entre ce que votre enfant aime ou aimerait faire et ce qu'il ne souhaiterait définitivement pas faire.

La spécification

Spécifier, c'est passer d'une préférence générale et provisoire à une préférence plus précise. C'est l'occasion de confronter les idées avec les possibilités matérielles et concrètes et les opportunités du marché (débouchés prévisibles, filières d'études et possibilités pour votre enfant d'y être admis). C'est aussi le moment de comparer, d'ordonner, de hiérarchiser et, finalement, de choisir.

Notes personnelles :

Dans cet espace, je vous propose de noter tout ce que le texte vous évoque par rapport aux expériences concrètes vécues avec votre enfant.

Il s'agit donc tout à la fois d'un espace de réflexion et de *brain-storming* sur lequel vous pourrez revenir à la fin de l'atelier.

La réalisation

Le temps est venu de s'engager en entreprenant des études ou en recherchant un premier emploi dans l'activité choisie. Avant d'en arriver à agir concrètement pour matérialiser votre projet, vous devez le planifier un minimum avec votre enfant, c'est-à-dire rechercher les différents moyens de le réaliser et choisir, avec lui, celui qu'il va adopter.

ATELIER : QUE TRANSMETTRE À NOS ENFANTS ?[1]

Dans ce premier atelier, nous vous proposons une réflexion sur la façon dont vous pouvez aider concrètement votre enfant à se construire un parcours de réussite. Il s'agit de sortir du cercle vicieux de la seule excellence scolaire pour proposer une nouvelle approche basée notamment sur la confiance. Un travail personnel autour de sept grands principes d'épanouissement personnel (les sept « différenciateurs ») vous permettra de mettre au point votre propre stratégie.

« *Il ne s'intéresse pas à son orientation.* » « *Elle ne nous écoute pas et ne veut en faire qu'à sa tête.* » Telles sont les remarques que font souvent les parents pour expliquer les blocages qui les empêchent d'aider leur enfant dans son orientation. Par expérience, je sais que ce genre d'attitude de la part de nos enfants ne constitue pas un frein aussi important que nous le pensons souvent. Au contraire, j'ai souvent pu constater que, sauf exception, il ne s'agit là que d'attitudes superficielles qui trahissent plutôt notre incapacité à trouver nous-mêmes la bonne façon d'aborder les choses avec eux.

Telle mère me raconte, par exemple, que lorsqu'elle interroge sa fille de 15 ans sur ses projets d'orientation, celle-ci l'envoie facilement « balader ». « *Tu es toujours en train de vouloir régenter ma vie* », lui lance celle que nous appellerons ici Cécile. De fait, sa maman est inquiète et, sans s'en rendre toujours compte, renvoie une image peu flatteuse à sa fille, déjà aux prises avec de grosses difficultés scolaires.

Pourtant, dans ce cas comme dans bien d'autres, il suffit d'apprendre à mieux maîtriser ses angoisses pour faciliter la communication et la réflexion commune. On ne se rend pas toujours compte que nos « petites phrases » (« *Qu'est-ce que tu vas devenir si tu ne travailles pas ?* » étant un classique du genre) ont sur nos enfants des effets contraires à ceux souhaités. Je dois avouer qu'il ne m'est arrivé que très rarement de rencontrer un jeune qui ne se sentait pas coupable de ses mauvais résultats scolaires et même de sa simple indécision quant à ses choix d'orientation. Même chez ceux qui la jouent « relax », l'inquiétude n'est jamais bien loin. Nos interrogations et nos inquiétudes sont, pour nos enfants,

1. Le titre de cet atelier est emprunté à celui du livre de Marc Ferro (éditions du Seuil).

autant de confirmations de leur nullité supposée. L'angoisse est communicative mais, bonne nouvelle, la confiance aussi.

Notes personnelles :

Le pire n'est jamais sûr

Au départ, je vous le concède, il est souvent difficile de sortir de sa propre inquiétude pour aller vers son enfant et trouver le langage de la « réassurance ». Et ce à la fois parce que nous sommes en quelque sorte prisonniers de nos inquiétudes et aussi parce que nous craignons d'encourager ce que nous considérons comme de « mauvaises tendances » de nos enfants. Mais exercez-vous à ne plus voir le désastre partout. Apprenez à laisser du temps au temps. Partez de la seule idée qui vaille, celle que votre enfant est unique et qu'un discours général et valable pour tous ne peut, au mieux, qu'avoir « un effet de cautère sur une jambe de bois ». Les parents de famille nombreuse le savent bien : chaque enfant réagit de manière différente. Il faut donc trouver pour chacun d'eux les mots et les attitudes qui conviennent à leur propre façon de voir le monde (voir plus loin le quiz « Quel parent êtes-vous ? »). Enfin, dites-vous que la confiance sait faire des miracles, tandis que le conflit est ravageur. Et, croyez-moi sur parole, vous serez étonnés de ce que ce changement de perspective aura comme effet.

« *J'ai appris à ne plus aborder, dès mon retour le soir à la maison, les questions qui fâchent. Un petit bonjour au passage et, zou, je vaque à mes occupations. C'est ma fille qui a fini par venir me trouver pour parler de ses projets d'avenir. Je me force à garder une certaine distance, à ne jamais porter de jugement de valeur et je m'aperçois que ça l'encourage à se confier beaucoup plus qu'avant et à suivre certains de mes conseils. Du coup, moi aussi, ça m'encourage et je me sens plus capable de l'aider qu'avant* », confirme la mère de Cécile.

Les « sept différenciateurs »

Un programme de formation québécois visant la sensibilisation des parents, et appelé « Formons des jeunes solides », insiste sur l'importance, dans un monde en changement, de nos conduites éducatives sur le développement vocationnel de nos enfants. Il est basé notamment sur l'idée que pour les aider, il faut d'abord comprendre comment leurs perceptions influencent leur comportement. La méthode utilisée est bâtie autour de sept principes qui résument bien ce que nous, parents, pouvons transmettre à nos enfants pour les aider à bien construire leur avenir. En voici la liste détaillée. Pour chacun d'eux, notez ce qu'ils vous évoquent : les prenez-vous en compte ? Comment ? Serait-il utile de faire mieux ? Quelle est la position de votre enfant par rapport à chacun d'eux ? Comment pourriez-vous l'aider à s'améliorer ?

Notes personnelles :

....

....

....

....

....

....

....

....

....

....

....

....

....

....

....

....

....

....

....

....

Perceptions de capacités

Indicateur : « *Je suis capable de faire face aux problèmes ainsi qu'aux défis, et d'acquérir de la force et de la sagesse à travers l'expérience.* »

Il s'agit d'aider nos enfants à développer leur sentiment d'efficacité personnelle, thème que nous aborderons en détail dans le chapitre I « L'important, c'est d'y croire » de la partie II. Comme nous l'avons vu dans l'introduction, plus que la simple confiance en soi, c'est cette croyance en notre capacité à faire quelque chose qui nous motive pour le faire, d'où sa grande importance. Vous verrez donc plus loin comment vous pourrez aider concrètement votre enfant pour augmenter sa croyance en son efficacité personnelle.

J'anticipe ici en soulignant les principaux moyens à votre disposition :

- Sachant que les succès entraînent les succès futurs, il est donc très important de savoir aider son enfant à valoriser ses réussites, aussi petites soient-elles. Par ailleurs, si l'on tient compte du fait que plus une réussite s'obtient avec difficulté et plus elle est porteuse de succès futurs, il est bon d'encourager les efforts et l'endurance nécessaires à la performance.
- « *Toute expérience est bonne à prendre* » dit le proverbe. En tout cas, l'expérience de ceux qui réussissent donne envie d'entreprendre la même chose qu'eux, mais elle est aussi l'occasion d'observer la façon de s'y prendre pour atteindre tel ou tel résultat. Permettre à votre enfant de vivre un maximum d'expériences, surtout dans notre monde où la compétence est plurielle, est incontournable.
- Vos encouragements sont essentiels pour aider votre enfant à mieux prendre conscience de sa capacité à influer sur sa propre vie. C'est ce qu'on appelle la persuasion verbale. Nous, parents, n'avons pas toujours suffisamment conscience de l'importance des opinions que nous émettons, parfois bien rapidement, sur la manière de faire de nos enfants. Leur dire, avec objectivité bien sûr, quand ils font bien est un moyen beaucoup plus sûr de les aider à grandir que les sempiternels reproches ou « constats désabusés ».

Perceptions d'importance personnelle

Indicateur : « *Ce que je suis et ce que j'ai à offrir dans la vie et dans mes relations avec les autres est valable. Ma vie a une signification.* »

Comme l'a montré Maslow avec sa pyramide des besoins (voir schéma ci-contre), se sentir utile est un de nos besoins fondamentaux. On ne le dira jamais assez, surtout dans un monde décrit comme essentiellement individualiste : sans les autres, nous n'existons pas. En donnant de l'importance à nos enfants, en les écoutant, en les prenant au sérieux, y compris dans leurs doutes et leurs incertitudes, nous les aidons à gagner confiance en eux. Sentir son importance personnelle et ce, quels que soient par ailleurs ses résultats scolaires ou ses succès du moment, est le plus sûr moyen de progresser. A l'inverse, se sentir inutile, « bon à rien », est ce qui peut arriver de pire à un enfant. Nous, parents, ne devons jamais être les oiseaux de mauvais augure. Quelles que soient les difficultés rencontrées, quelle que soit la vigueur des tempêtes à traverser (découragements, appréciations assassines des professeurs ou de l'entourage, etc.), nous devons toujours être du côté de notre enfant. Nous lui devons de toujours croire en sa capacité à rebondir et ne pouvons jamais le réduire à un simple échec. Cela n'est certainement pas le plus simple, car nos inquiétudes sont souvent plus fortes que tout, mais nous devons toujours trouver les mots qui ne « fermeront pas la porte ».

Perceptions d'influence personnelle

Indicateur : « *Mes actions et mes choix influencent ma vie.* »

Il s'agit, là encore, d'un point essentiel. Même si nous n'avons pas toujours le pouvoir de faire survenir les événements, se sentir capable d'obtenir des résultats est un élément important pour avoir une action positive sur notre vie. « *Quand on veut, on peut* », comme le dit la sagesse populaire. J'aborderai également cette question dans le chapitre I « L'important, c'est d'y croire » de la partie II.

Compétences intrapersonnelles

Indicateur : « *Je sais gérer mes émotions de façon appropriée, je m'autoévalue, je garde la maîtrise de moi, j'ai de l'autodiscipline.* »

Le rôle des émotions dans nos comportements est aujourd'hui considéré comme essentiel, à tel point qu'on parle d'intelligence émotionnelle. Aider un enfant à mieux gérer ses émotions, c'est lui donner des armes pour son avenir. Sur cette question, reportez-vous également à la partie II, notamment au chapitre 3 « Votre enfant est un surdoué », où vous trouverez un atelier spécifique « Le cas particulier de l'intelligence émotionnelle ».

Compétences interpersonnelles

Indicateur : « *Je sais communiquer, coopérer, négocier, partager, manifester de l'empathie, résoudre des conflits et écouter efficacement les gens avec qui je suis en relation.* »

Ces compétences font également partie intégrante de l'intelligence émotionnelle (voir la partie II).

Notes personnelles :

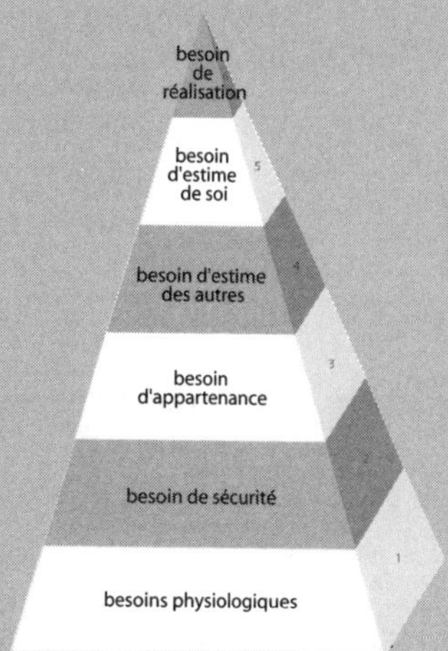

Notes personnelles :

....

....

....

....

....

....

....

....

....

....

....

....

....

....

....

....

....

....

....

Compétences systémiques

Indicateur : « *Je sais interagir avec responsabilité, adaptabilité et flexibilité avec les différents systèmes dans lesquels je vis (société, famille, école, etc.).* »

Plus que la simple capacité à communiquer avec les autres, il s'agit ici de savoir se situer dans un contexte. Il est important pour votre enfant de comprendre que votre comportement s'inscrit le plus souvent dans un collectif. « *Ma liberté s'arrête où commence celle des autres* » dit la maxime. De même, nos comportements ne sont fatalement pas les mêmes selon l'environnement dans lequel nous nous trouvons, ou encore le moment. Savoir jouer sur ce qui est parfois très subtil fait pleinement partie de l'intelligence. Un enfant se comporte-t-il, par exemple, de la même manière avec ses professeurs qu'avec ses parents ?

Compétences de jugement

Indicateur : « *Je sais identifier les différents choix possibles et prendre des décisions basées sur mon expérience et sur des principes moraux ou éthiques.* »

On minimise énormément le besoin de règles, de normes et même de principes éthiques qu'ont les jeunes. Il est vrai que, dans notre société de consommation et d'individualisme affiché, nous-mêmes ne sommes pas toujours « dans les clous ». Les petites incivilités sont courantes dans notre quotidien. Peut-être est-ce la raison de notre aveuglement, à moins que ce ne soit l'image du « jeune » que renvoient souvent les médias, facilement sans foi ni loi. Un ami professeur m'a fait remarquer qu'au cœur de la « banlieue », lieu fantasmatique par excellence pour stigmatiser le manque de règles, le besoin de règles s'exprime au contraire en permanence. Les jeunes utilisent notamment une expression très fréquente en classe pour stigmatiser le copain qui a enfreint une règle : « *Ça s'fait pas !* » Ainsi, par exemple, dans l'expression « *M'sieur, il m'a pris mon stylo, ça s'fait pas !* » Plus récemment, un de mes amis qui racontait la manière dont il avait remis à sa place une vendeuse un peu trop léthargique à son goût s'est vu gratifié d'un « *Ça s'fait trop pas !* » indigné, lancé par son fils présent. Derrière les effets de langage qui amusent ou désolent, il y a bien cette recherche d'une certaine justice, voire d'une égalité de traitement. Un besoin de règles de vie en société. On trouvera bien d'autres exemples dans l'attrait que les jeunes ont aujourd'hui pour l'humanitaire et l'écologie de manière générale. Certains font même preuve d'un activisme impressionnant.

Certains responsables pensent que les valeurs morales et éthiques prendront une importance croissante à l'avenir. La notion de développement durable qui, aujourd'hui, s'applique aussi bien à la bonne gouvernance, au commerce équitable, à l'aide au tiers-monde qu'au développement économique de manière générale, en est d'ailleurs un signe avant-coureur. Insister sur ce point avec nos enfants n'est donc pas aussi difficile qu'on le croit et peut même créer une bonne entente et un échange avec eux. Cela peut aussi les préparer à vivre dans un monde sans frontières, ou presque.

Par ailleurs, savoir se servir de ses expériences passées pour entreprendre de nouvelles choses est primordial. Ne pas en tenir compte, c'est prendre le risque de répéter indéfiniment les mêmes erreurs.

QUIZ : QUEL PARENT ÊTES-VOUS ?

Etre parent constitue certainement un des rôles sociaux les plus exigeants sur les plans intellectuels, physique et émotionnel. Ce rôle nécessite un engagement important afin de nourrir, protéger, soigner, instruire et éduquer, mais aussi écouter, rassurer, réconforter et ce, pendant plusieurs années. Le quiz qui suit va vous permettre de découvrir votre positionnement par rapport à six grandes dimensions. Il ne s'agit bien sûr pas de produire un jugement de valeur, qui serait définitif, mais plutôt de vous proposer un outil ludique de réflexion. Chacun des deux parents peut bien sûr répondre à ce quiz et comparer les résultats obtenus. A vos crayons !

Questionnaire

1. Je me sens très bon/bonne pour écouter mon enfant et comprendre ses soucis éventuels.
0 1 2 3 4 5 6 7 8 9 10
2. Je me sens très bon/bonne pour le rassurer quand il est inquiet.
0 1 2 3 4 5 6 7 8 9 10
3. Je me sens très bon/bonne pour ne pas trop l'influencer dans ses décisions.
0 1 2 3 4 5 6 7 8 9 10
4. Je me sens très bon/bonne pour l'aider à construire son propre avenir.
0 1 2 3 4 5 6 7 8 9 10
5. En règle générale, diriez-vous que vous êtes un bon père/une bonne mère ?
0 1 2 3 4 5 6 7 8 9 10
6. Je n'ai pas une grande influence sur les choix de mon enfant.
0 1 2 3 4 5 6 7 8 9 10
7. Quoi que je fasse, mon enfant va se développer à sa façon.
0 1 2 3 4 5 6 7 8 9 10
8. J'ai peu d'effet sur la façon dont mon enfant se comporte avec les autres.
0 1 2 3 4 5 6 7 8 9 10

Mode d'emploi

Ce quiz comporte trente questions. Pour chacune d'entre elles, vous avez la possibilité de répondre en donnant une valeur de 0 (pas du tout vrai) à 10 (tout à fait vrai).

Calculez ensuite vos résultats en additionnant les scores par groupes de questions : de 1 à 5, de 6 à 10, de 11 à 15, de 16 à 20, de 21 à 25, puis de 26 à 30.

Le maximum pour chaque groupe est de 50 et il n'y a pas de minimum.

Servez-vous ensuite des cadres prévus à cet effet en les noircissant au crayon de couleur en fonction des scores, comme dans l'exemple ci-dessous.

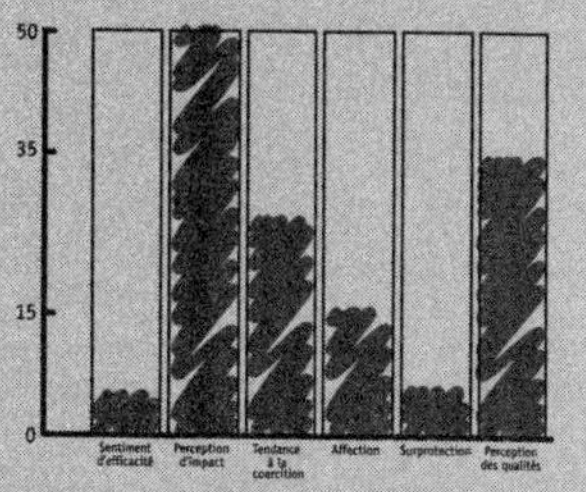

9. J'ai peu d'action sur les émotions (inquiétude, joie, mauvaise humeur, etc.) de mon enfant.
0 1 2 3 4 5 6 7 8 9 10

10. J'ai peu d'effet sur le développement intellectuel de mon enfant.
0 1 2 3 4 5 6 7 8 9 10

11. Il m'arrive de me fâcher fortement contre mon enfant lorsqu'il montre particulièrement de la mauvaise volonté.
0 1 2 3 4 5 6 7 8 9 10

12. Il m'est arrivé de gifler mon enfant parce qu'il m'agaçait.
0 1 2 3 4 5 6 7 8 9 10

13. Il m'arrive de priver de sortie mon enfant pour lui apprendre à obéir.
0 1 2 3 4 5 6 7 8 9 10

14. J'ai du mal à garder mon calme avec mon enfant quand il n'en fait qu'à sa tête.
0 1 2 3 4 5 6 7 8 9 10

15. Il m'arrive de « faire la tête » à mon enfant quand il ne veut rien entendre.
0 1 2 3 4 5 6 7 8 9 10

16. Je suis très fier de mon enfant quand je le vois réussir.
0 1 2 3 4 5 6 7 8 9 10

17. Je suis très affectueux(se) avec mon enfant.
0 1 2 3 4 5 6 7 8 9 10

18. J'aime beaucoup parler avec mon enfant et comprendre sa façon de voir la vie.
0 1 2 3 4 5 6 7 8 9 10

19. J'aime beaucoup faire plaisir à mon enfant.
0 1 2 3 4 5 6 7 8 9 10

20. J'aime passer du temps avec mon enfant, aller au restaurant, au cinéma, faire du shopping, etc.
0 1 2 3 4 5 6 7 8 9 10

21. J'ai du mal à accepter de me séparer de mon enfant.
0 1 2 3 4 5 6 7 8 9 10

22. Lorsque mon enfant est loin de moi, il me manque facilement.
0 1 2 3 4 5 6 7 8 9 10

23. Quand il était plus petit, je me résignais difficilement à le faire garder.
0 1 2 3 4 5 6 7 8 9 10

24. Je n'aime pas trop savoir mon enfant dehors le soir, je m'inquiète facilement.
0 1 2 3 4 5 6 7 8 9 10

25. Je me sens vraiment bien quand je sais que mon enfant n'est pas loin.
0 1 2 3 4 5 6 7 8 9 10

26. J'ai l'impression que mon enfant est plus mûr que d'autres jeunes de son âge.
0 1 2 3 4 5 6 7 8 9 10

27. J'ai l'impression que mon enfant est très attachant par rapport à d'autres jeunes de son âge.

0 1 2 3 4 5 6 7 8 9 10

28. J'ai l'impression que mon enfant est plus intelligent que d'autres jeunes de son âge.

0 1 2 3 4 5 6 7 8 9 10

29. J'ai l'impression que mon enfant est très beau par rapport à d'autres jeunes de son âge.

0 1 2 3 4 5 6 7 8 9 10

30. J'ai l'impression que mon enfant est très capable par rapport à d'autres jeunes de son âge.

0 1 2 3 4 5 6 7 8 9 10

Calculez vos résultats

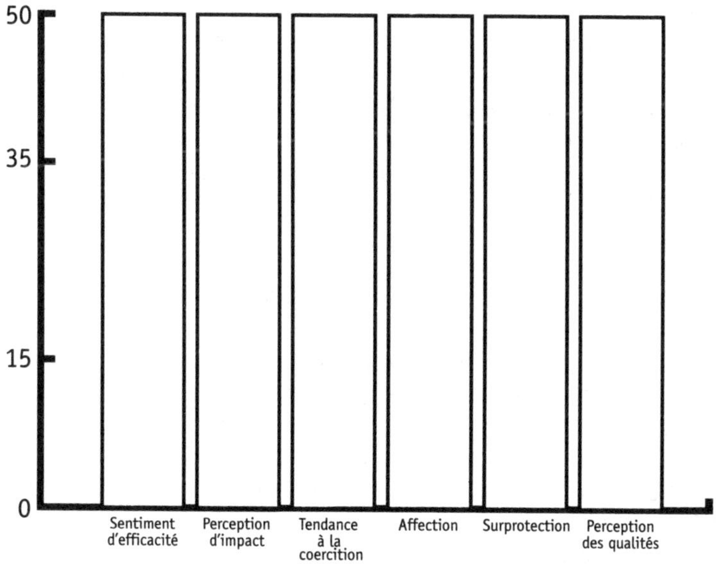

Comprendre vos résultats
Comme vous pouvez le constater, chaque groupe de questions correspond à une « dimension » particulière du métier de parent.

Nous allons passer en revue chacune de ces dimensions et comprendre ce que signifient les scores que vous avez obtenus en répondant aux questions.

Votre sentiment d'efficacité en tant que parent

Si vous avez été un lecteur attentif depuis le début de ce livre, vous êtes familiarisé avec cette notion. Il s'agit de la croyance en votre efficacité, ici en tant que parent.

Score : plus de 35
Vous êtes un « pilote d'exception », car vous avez une foi solide en votre capacité à aider votre enfant. Vous n'avez jamais pensé être professeur ?!

Score : entre 16 et 35

Plus le score est élevé dans cette dimension et plus vous vous sentez capable d'aider votre enfant à construire son avenir. C'est important, car votre rôle est essentiel.

Score : moins de 16

Votre score est faible. Il semble que vous n'ayez pas tellement confiance dans votre capacité à aider votre enfant. Votre enfant est-il particulièrement difficile à élever et/ou à conseiller ? Existe-t-il un contexte perturbateur (divorce, famille monoparentale ou recomposée, handicap, etc.) ? Je vous conseille dans ce cas de lire attentivement le chapitre I « L'important, c'est d'y croire » de la partie II. Vous y trouverez de nombreux conseils pour travailler votre sentiment d'efficacité en tant que parents (y compris d'enfant difficile).

Sachez que votre sentiment de relative incompétence est le fruit d'une pure croyance, qu'il « suffit » de changer pour progresser. De nombreux parents croient en leur efficacité, y compris ceux qui se trouvent dans des situations analogues à la vôtre, alors pourquoi pas vous ? Pour vous encourager, je veux vous dire que tous les parents qui s'y sont essayés en ont très vite vu les avantages. Mieux, la plupart se prennent au jeu, car découvrir que, parfois contre toute attente, nos actions bien menées conduisent obligatoirement à des résultats est quelque chose d'assez enivrant. J'en connais qui sont devenus de véritables propagandistes de la méthode.

Votre perception d'impact en tant que parent

C'est une dimension proche de la précédente. Normalement, si vous avez obtenu un score élevé dans cette précédente dimension, vous devriez avoir ici un petit résultat. En effet, les questions auxquelles vous avez répondu ont pour objet de voir dans quelle mesure vos actions et vos conseils ont une incidence sur le comportement de votre enfant. A la différence du premier groupe de questions (les cinq premières concernant votre sentiment d'efficacité), celui-ci était en quelque sorte formulé à l'inverse.

Score : plus de 35

Mon conseil sera le même que l'item précédent : une lecture du chapitre I « L'important, c'est d'y croire » de la partie II s'impose. Il est en effet important de transformer ce véritable sentiment d'incompétence qui vous étreint souvent en ce qui concerne l'avenir de votre enfant et votre capacité à l'aider. C'est important pour vous-même, car ça ne doit pas être facile à vivre tous les jours, mais aussi pour votre enfant qui a besoin de votre croyance en vous et donc en lui. Ne le laissez pas partir à la dérive. Surtout que vous êtes tout à fait capable de redresser la barque.

Score : entre 16 et 35
Votre score est intermédiaire entre moyen et élevé dans cette deuxième dimension. Votre croyance en votre possible influence sur le destin de votre enfant reste bonne, même si vous traversez sûrement des moments de doute. Mais vous êtes sur la bonne voie.

Score : moins de 16
Vous pensez fortement que vous avez une grande capacité d'influence sur votre enfant et que votre action peut l'aider à se construire un avenir prometteur. N'êtes-vous pas trop directif ?

Tendance à la coercition

Score : 25 ou plus
Un score élevé dans cette dimension signifie que vous êtes un père (plus rarement une mère, selon nos statistiques) plutôt autoritaire. Peut-être serait-il bon d'adoucir un peu la pression que vous imposez à votre enfant. Sans être laxiste, lâchez un peu de lest pour qu'il se sente en plus grande confiance. Si votre attitude vous paraît justifiée par le comportement de votre enfant, tentez tout de même l'impossible. Les ruptures dans la nature des relations que nous entretenons avec nos enfants font parfois des miracles.

Score : moins de 25
Votre score se situe entre faible et très moyen. Vous êtes quelqu'un de zen, de confiant, ou vous êtes tombé sur un excellent numéro. N'allez surtout pas l'échanger contre un autre, vous pourriez perdre au change !

Affection

Score : plus de 35
Vous êtes quelqu'un de chaleureux et vous savez que l'affection est le moteur le plus puissant de l'action humaine. Attention toutefois à ne pas trop dorloter votre enfant. Rappelez-vous que les efforts personnels et les exigences de nos proches nous aident à construire nos réussites.

Score : entre 16 et 34
Un score entre moyen et élevé signifie que vous êtes quelqu'un de chaleureux, d'aimant et certainement d'encourageant. Ne changez rien, l'affection est le meilleur terreau pour les belles plantes que sont nos enfants.

Score : moins de 16
Votre score est particulièrement faible. Vous l'aurez compris, il va falloir progresser un peu. Bien sûr, il y a le travail trop prenant, la vie qui n'est pas toujours tendre, le manque d'habitude, etc. Mais avec trop peu d'affection et d'attention, un enfant s'étiole vite, pensez-y…

Surprotection

Score : plus de 35

Vous êtes un parent plutôt de type surprotecteur. Vous vous inquiétez souvent pour un rien. Attention, sachez que l'inquiétude est communicative. Si votre enfant vous sent inquiet, il risque fort lui-même de le devenir. Il s'agit d'un phénomène que l'on appelle la prédiction autoréalisatrice : votre enfant se dit que si vous êtes préoccupé(e) par le moindre de ces actes c'est qu'il y a des raisons à cela ; donc lui-même s'inquiète voire panique.

Score : entre 16 et 35

C'est selon ! Si vous êtes par ailleurs plutôt du type coercitif (voir ci-dessus), vous risquez fort de faire de votre enfant un grand inquiet. Si, à l'inverse, vous êtes plutôt du type affectueux, votre enfant saura comprendre les raisons de vos inquiétudes parfois imaginaires.

Score : moins de 16

Ne pas trop s'inquiéter (juste ce qu'il faut), c'est le début de la confiance. Celle-ci est souvent le meilleur terreau pour permettre à son enfant de grandir. Si vous êtes en plus affectueux, vous êtes (presque !) le parent idéal.

Perception des qualités de votre enfant

Score : entre 25 et 50

A moins d'être un parent gaga, un score élevé dans cette dimension est la preuve de votre confiance et de l'attention que vous portez à votre enfant. En tant que parent, il est normal que vous trouviez votre enfant (presque) le plus beau, le plus doué, etc. La persuasion verbale, lorsqu'elle sait rester objective, est extrêmement importante pour donner envie d'agir. Il est facile de trouver des gens qui nous jugent, nous disent quand nous ne faisons pas bien ! Les parents qui savent féliciter leur enfant lorsqu'il fait quelque chose de bien lui donnent envie de réussir à nouveau.

Score : moins de 25

Votre score est peu élevé et je ne peux que vous conseiller un peu plus d'attention. Attention aux transferts que l'on fait parfois sur ses propres enfants. En les voulant parfaits, conformes aux standards du « marché », on en oublie ce qui fait leur vrai charme et l'on passe à côté de nombreuses choses en ne valorisant pas ce qui pourtant ferait leur force.

2 - L'ÉCOLE DÉSORIENTE-T-ELLE NOS ENFANTS ?

Que ne dit-on pas sur l'école ? Plus un jour ne passe sans qu'elle fasse l'objet d'un article de presse, d'un reportage à la télévision, d'une déclaration d'un homme politique. L'école constitue l'un des sujets les plus débattus dans notre société. Disons-le clairement, elle cristallise beaucoup les craintes des parents. Non seulement par rapport à l'avenir de leurs enfants, pour lesquels l'école se voit dotée d'une responsabilité centrale, mais aussi en termes d'« égalité des chances ». Contrairement à ce que l'on pourrait penser de prime abord, il ne s'agit pas tout à fait de la même chose. Appelée par certains la « machine à exclure », l'école se voit parfois accusée de favoriser les uns au détriment des autres. Par ailleurs, le fait que le mot « orientation » n'ait pas tout à fait le même sens dans l'esprit des parents que dans celui des professionnels de l'école nécessite de réfléchir sur la façon dont, malgré tout, on peut « faire équipe ».

Rien n'est bon ni mauvais mais y penser le rend ainsi.
Shakespeare

A la fin de l'année 2004, Claude Thélot n'hésitait pas à rappeler dans le Rapport sur l'école demandé par le Premier ministre : « *Les Français ont demandé que se réduise l'abîme entre ce que l'on dit et ce que l'on fait. L'écart entre les généreux propos fondateurs sur l'Ecole et la réalité quotidienne de son fonctionnement local n'est plus supporté. Des citoyens exigeants et éclairés ont tôt fait, dans une société d'information et de connaissance, de reconnaître le divorce et de l'interpréter plutôt comme une hypocrisie que comme une faiblesse. Aussi le message principal qui se dégage du Grand Débat et auquel la Commission a voulu répondre est-il clair : il faut que l'Ecole fasse vraiment réussir tous les élèves.* » Il faut dire que ce rapport prenait appui sur un débat national qui, de novembre 2003 à janvier 2004, vit la tenue de 26 000 réunions dans les établissements scolaires et les arrondissements, rassemblant plus d'un million de personnes et donnant lieu à 13 000 synthèses. Même si, au terme de ce « Grand Débat », la majorité des participants souhaitait, aux dires de Claude Thélot, que « *le pouvoir d'exemplarité de la valeur républicaine de mérite ne se trouve pas sacrifié* », on ne peut nier que la question de l'égalité des chances (au cœur du débat) ne concernait pas que la question des publics en difficulté…

Toute difficulté offre une chance de se surpasser.
Duke Ellington

L'ÉCOLE, LA GRANDE RESPONSABLE

Selon Richard Sennett dans Respect (éditions Albin Michel), « *pour les générations précédentes, la politique sociale reposait sur l'idée que les nations et les villes étaient en mesure de contrôler leurs biens ; aujourd'hui, une faille est en train de se creuser entre le politique et l'économique* ». Dans la mondialisation qui s'installe, les décisions sont en effet de plus en plus rarement prises sur le plan local. Pour prendre

Parabole des cailloux et de l'instruction

Un homme marchait dans le désert.
Une voix lui dit : Ramasse quelques cailloux, mets-les dans ta poche. Demain, tu seras à la fois content et triste.
L'homme obéit : le lendemain, il retira de sa poche des diamants, des rubis, des émeraudes, et il fut à la fois content et triste.
Content d'avoir pris une poignée de cailloux, et triste de ne pas en avoir ramassé davantage.
Ainsi en va-t-il de l'instruction.

l'exemple le plus visible, celui des délocalisations d'activités, on peut en effet constater tous les jours que la donne économique, voire financière, est la première à être prise en compte, et ce dans une perspective exclusivement internationale. Cela n'est pas sans incidence sur la perception que nous, parents, avons de l'avenir de nos enfants, encouragés par les médias si souvent alarmistes.

Toutes choses égales d'ailleurs, nous nous sentons tous, avec nos enfants, les possibles laissés-pour-compte de cette transformation du monde qui s'accélère. Dans un sauve-qui-peut généralisé, beaucoup d'entre nous cherchent à préserver leurs proches du désastre et, à défaut de pouvoir s'adresser à des responsables clairement identifiables, font de l'école un bouc émissaire. C'est parce que les professeurs sont nuls et trop souvent absents, parce que l'institution est sclérosée, parce qu'« *en France, on ne sait vraiment pas faire ; d'ailleurs, regardez en Finlande, au Japon ou aux Etats-Unis…* », etc., que nos enfants auront bien du mal à trouver du travail demain.

« Mais si, on vous aime ! »

Est-ce à dire que l'école et sa partie la plus visible, les « profs », ne sont pas un peu comptables du désamour qui semble parfois prévaloir ? « *Dotés pour la plupart d'entre eux d'une grande conscience de leur mission, mais habitués à rendre peu de comptes, ils réagissent en écorchés vifs à la moindre remarque. Ils peuvent avoir tendance, par déformation professionnelle, à infantiliser les parents qui leur font face. Ils prennent pour critiques ce qui n'est parfois que de simples questions… De sorte que les parents ont souvent l'impression d'avancer sur une corde raide, au risque de froisser au premier faux pas les représentants d'une profession singulière. Faux problèmes ? Malentendus sans conséquences ? Tout cela ne serait en effet pas si grave s'il n'en allait de l'avenir de nos enfants. Mais les experts, à commencer par les enseignants eux-mêmes, du moins les plus jeunes d'entre eux, sont aujourd'hui unanimes : sans un réel partenariat entre parents et enseignants, les difficultés ne feront que s'accroître dans les écoles, les collèges et les lycées.* » (*Le Monde*, 30 décembre 2005) Qui ne reconnaît pas, au moins en partie, tel ou tel professeur croisé sur le parcours scolaire de son enfant ? Et en même temps, quel parent honnête (et conscient des vrais intérêts de son enfant) peut ne pas être d'accord avec la conclusion de cette citation ?

Ne vaudrait-il pas mieux d'ailleurs parler de l'institution plutôt que des hommes ? Dans ce même numéro du Monde daté du 30 décembre 2005, on peut découvrir que si les enseignants, questionnés par leur ministère sur la raison du « malaise enseignant », estiment qu'une des causes principales est « *la dégradation de l'image des enseignants dans la société* », dans le même temps, 78 % des Français trouvent les professeurs de collège et de lycée « *compétents dans leur spécialité* ». Certes, les professeurs nous agacent parfois avec leur façon de faire des réflexions sur nos enfants et en raison de leur méconnaissance de la « vraie vie », eux qui vous parlent d'« orienter » votre enfant. Eux qui ont l'avantage de connaître l'opacité du système et dont on comprend que ça les aide bien pour l'orientation de leurs propres enfants. Mais, malgré cela et malgré nos propres souvenirs d'école, les professeurs ne nous laissent pas indifférents. Comme le confirme le sondage CSA cité ci-dessus (initialement réalisé pour *Le Monde de l'éducation* et *Télérama*), nous avons même de l'estime pour eux et beaucoup d'entre nous se demandent bien comment ils s'y prendraient à leur place.

L'homme ne devient homme que par l'éducation.
Emmanuel Kant

En serait-il d'ailleurs autrement que nous serions bien en mal de nous justifier totalement. En effet, si 45 % des parents, selon le même sondage, estiment que les enseignants ne dialoguent pas assez avec eux, combien seraient-ils, par exemple, à se déclarer ouverts à la discussion ? Combien d'entre eux, d'ailleurs, se rendent aux réunions de parents d'élèves/professeurs et prennent rendez-vous avec les professeurs en dehors des « convocations » de ces derniers ? Combien d'entre eux s'investissent dans l'école, ne serait-ce qu'à travers une association de parents d'élèves ? Enfin, si 71 % des parents jugent que les professeurs « *n'ont pas assez d'autorité sur les élèves* », combien d'entre eux sont prêts à laisser ces mêmes professeurs exercer leur autorité sur leurs propres bambins ?

Vous n'ignorez pas qu'en vous confiant un enfant, chaque famille demande de lui rendre un honnête homme, et le pays un bon citoyen.
François Guizot

UNE ÉDUCATION « DURABLE » ET CONCERTÉE

Au-delà des inquiétudes pour l'avenir et peut-être même à cause de ces inquiétudes, la seule solution est bien sûr l'établissement d'une relation de confiance entre les parents et l'ensemble du monde éducatif. A bien y réfléchir, il n'y a pas de raison que les professeurs, les conseillers d'orientation, l'encadrement des établissements et tout le petit monde du système éducatif soient faits d'une autre pâte que le reste de la société française. Un peu comme si un département entier d'une entreprise n'était noyauté que par des incapables ! Même quand « ça arrive », reconnaissons qu'il s'agit toujours d'une fausse croyance, née d'une incompréhension, d'une inégalité de traitement, d'une jalousie, d'un cruel manque de contact, mais jamais d'une réalité incontournable. Partant de ce principe, même individuellement, nous sommes condamnés à nous comporter en parents responsables. Impliquons-nous, participons, râlons si nécessaire, mais montrons à nos enfants que nous sommes sur la même longueur d'onde que leurs professeurs. Même quand ils ont tort, évitons de les déconsidérer devant nos enfants. Resituons, expliquons, rappelons que l'erreur est humaine, allons parlementer, négocier, protester, etc. Ce n'est pas seulement pour les professeurs que nous le ferons, mais d'abord et avant tout pour nos enfants. Les préparer à un monde complexe, c'est leur montrer aujourd'hui comment le dialogue est encore « l'arme » la plus efficace.

Je déteste l'école. on y apprend des choses que je ne sais pas.
Marguerite Duras

ATELIER : LA PARTICIPATION DES PARENTS DANS L'ÉCOLE

Voici un rappel des différentes occasions qu'ont les parents de participer à la vie des collèges et lycées.

La Fabrique du crétin : La mort programmée de l'école, aux Editions Gawsewitch

La loi d'orientation du 10 juillet 1989 stipule dès son article 1er : « *La communauté éducative rassemble les élèves et tous ceux qui, dans l'établissement scolaire ou en lien avec lui, participent à la formation des élèves.* » Les parents sont membres à part entière de la communauté éducative, « *partenaires permanents de l'école ou de l'établissement scolaire* ». Ils figurent en tête des partenaires de l'école et « *leur droit à l'expression et à l'information doit être absolument respecté* ».

Le conseil d'administration

L'Ecole des ego : Contre les gourous du pédagogiquement correct, d'Elisabeth Altschull, aux Editions Albin Michel

Les parents élus siègent de droit au conseil d'administration avec les représentants des collectivités locales concernées (Conseil général pour les collèges, Conseil régional pour les lycées), le chef d'établissement, les représentants élus des enseignants, du personnel administratif et de service et les représentants élus de collégiens ou lycéens.
Le conseil d'administration adopte le budget, le règlement intérieur, les programmes d'actions particulières, décide de l'utilisation des heures d'enseignement, de l'organisation du temps scolaire, etc.
Il donne également son avis sur les créations et les suppressions de sections et options, les choix des manuels, l'information des personnels, parents et élèves.

Le conseil de classe

Et vos enfants ne sauront pas lire… ni compter ! de Marc Le Bris, aux Editions Stock

Il se réunit trois fois par an et chaque fois que le chef d'établissement le juge nécessaire. Il comprend le chef d'établissement ou son adjoint, le conseiller principal d'éducation, les professeurs de la classe, deux représentants des parents, deux représentants des élèves, le conseiller d'orientation, l'infirmière, le médecin scolaire et l'assistante sociale (dans les faits, il est rarement au complet).
Les délégués de parents sont nommés par le chef d'établissement sur proposition des listes ayant obtenu des suffrages aux élections scolaires et au prorata des suffrages obtenus. Il est possible d'être délégué dans une autre classe que celle de son enfant.
Dans certains lycées, chaque élève a le droit d'assister au conseil lorsqu'on parle de son cas.

PARTIE II

QUI EST VOTRE ENFANT ?

Il y a peu d'hommes auxquels on ne puisse apprendre convenablement quelque chose. Notre grande erreur est d'essayer d'obtenir de chacun en particulier les vertus qu'il n'a pas, et de négliger de cultiver celles qu'il possède.

Marguerite Yourcenar

Ce que vous allez apprendre dans cette partie :

• L'important, c'est d'y croire

Ce que nous croyons de nos propres capacités à entreprendre telle ou telle chose a une nette incidence sur nos actions. Dans ce module, nous aborderons ce phénomène plutôt étonnant. Je vous propose de voir comment ceux qui ont un fort sentiment de compétence personnelle réussissent souvent mieux que ceux qui, tout en étant parfois plus compétents, n'ont pas suffisamment de « foi en eux-mêmes » pour obtenir une réussite identique. Je souhaite également vous démontrer qu'il n'existe aucune fatalité et que l'on peut même, le plus souvent assez facilement, trouver des solutions pour échapper à un trop faible niveau de « sentiment d'efficacité personnelle ».

• Des intérêts et des valeurs pour la vie

Nos intérêts et nos valeurs sont nos motivations, parfois plus encore que nos capacités et nos savoirs. Grâce au profil TRICAM et à de très nombreux exemples, apprenez à faire prendre conscience à votre enfant de ses atouts.

• Votre enfant est surdoué

Notre société occidentale oublie parfois que la seule intelligence logique (celle mesurée par le fameux quotient intellectuel, ou QI) ne suffit pas pour faire « fonctionner » le monde. Empathie pour les autres, gestion de ses émotions, sens de l'orientation et de l'espace, expression corporelle sont autant d'intelligences qui, elles aussi, permettent le progrès.

1 - L'IMPORTANT, C'EST D'Y CROIRE

Pour la plupart d'entre nous, le choix d'une filière de formation ou d'une profession est fonction des résultats que nos enfants obtiennent à l'école. Et nous n'avons bien sûr pas totalement tort. C'est la raison pour laquelle, d'ailleurs, nous insistons tous sur l'importance du travail scolaire : « *Si tu travailles consciencieusement, tu réussiras et tu auras la possibilité de choisir.* » Cette relation de cause à effet nous semble tellement évidente que nous ne comprenons pas toujours pourquoi nos enfants ne la mettent pas plus facilement en pratique. Lorsque les choses ne se passent pas ainsi, nous recherchons des responsables. C'est tantôt la faute de l'adolescent qui ne fiche rien, tantôt celle des professeurs qui ne savent pas enseigner, etc. De même, face à l'éventuelle indécision de nos enfants quant aux choix d'orientation, nous évoquons leur immaturité ou leur mauvaise volonté, sans chercher plus loin.

Les médicaments ne sont pas toujours nécessaires. La croyance en la guérison l'est toujours.
Norman Cousins

Pourtant, il s'agit d'un phénomène bien plus complexe : le rôle de leur croyance en leur efficacité personnelle. De très nombreuses études montrent en effet que, pour le choix d'une filière d'études ou d'une profession, mais aussi pour la réussite dans les études, les croyances de nos enfants sur eux-mêmes sont souvent plus importantes que la réalité elle-même. En effet, pour travailler une matière avec confiance ou choisir une voie d'avenir, ceux-ci tiennent beaucoup plus compte de leur croyance en leur efficacité que de la simple réalité.

Tout ce que les humains ont appris ne pouvait être que le produit d'une expérimentation empirique. Nous n'avons avancé qu'en commettant des erreurs.
Buckminster Fuller

Ainsi en est-il des filles, par exemple. Statistiquement, elles réussissent bien mieux leurs études que les garçons et pourtant, elles s'en remettent facilement au « jugement » de la société qui les considère comme moins douées pour les sciences ou la technique. Ce faisant, elles écartent de leurs choix de très nombreux métiers, les considérant comme inaccessibles. Ainsi en est-il aussi des mathématiques, qui ont découragé tant d'élèves et nous ont souvent mortifiés, nous les parents.

LE SENTIMENT D'EFFICACITÉ PERSONNELLE

Il faut se rendre à l'évidence : la réussite scolaire de nos enfants et leur choix d'orientation sont d'abord et avant tout fonction de leur sentiment d'efficacité personnelle, plus que de leurs compétences proprement dites ! Au point qu'un enfant moins « doué » pour les études, mais ayant une croyance suffisante dans sa capacité à réussir, obtiendra de meilleurs résultats qu'un autre enfant moins persuadé de son efficacité, bien que plus travailleur, voire plus capable que le premier. Etonnant, non ?!

Pour mieux comprendre la nature de ce sentiment, je vous propose de réfléchir à partir de votre propre expérience. Ainsi, pour Albert Bandura, le grand psychologue américain, le sentiment d'efficacité personnelle a quatre sources principales :

• **Le succès déjà obtenu dans la réalisation d'une tâche similaire.** Si vous avez, par exemple, déjà réussi à réparer le carburateur de votre voiture, une tâche d'ordre mécanique vous paraîtra d'autant plus facile à réaliser. Précisons toutefois que le sentiment de votre propre efficacité sera d'autant plus grand que la réparation du carburateur était difficile à réaliser. J'y reviendrai.

L'être humain a besoin d'être flatté, sinon il ne devient pas ce qu'il est destiné à devenir pas même à ses propres yeux.
Pär Lagerkvist

• **La possibilité d'observer quelqu'un de performant dans une activité donnée** peut également renforcer votre sentiment d'auto-efficacité, notamment dans le cas où vous n'avez que peu d'expérience dans cette activité. Ce sentiment sera d'autant plus fort que vous vous sentirez proche de la personne qui vous sert de modèle (en termes de centres d'intérêt et de « valeurs », notamment ; voir sur ce sujet le chapitre II « Des intérêts et des valeurs pour la vie » de la partie II).

• **La persuasion verbale** peut également influer sur votre sentiment de compétence pour une tâche donnée. Plus la personne qui cherche à vous en convaincre sera crédible et plus ce sentiment sera élevé. Autrement dit, si c'est votre bande de fans qui vous décrit comme capable de réussir telle ou telle chose, cette tentative de persuasion verbale sera sans doute moins efficace que si elle venait d'une personne plus neutre et n'ayant pas pour habitude de vous assaillir de compliments.

• **Vos états émotionnels par rapport à une tâche donnée** influencent également votre sentiment d'efficacité. Plus vous serez stressé à l'idée d'accomplir une tâche, et plus votre sentiment de pouvoir y arriver sera faible. Cela paraît être un truisme, mais retenez qu'en agissant sur votre état émotionnel, vous pourrez influer sur votre sentiment de compétence.

Ne cherchez pas la faute, cherchez le remède.
Henry Ford

L'ENFER EST PAVÉ DE BONNES INTENTIONS

Le sentiment d'efficacité personnelle s'appuie sur des sources différentes selon les cas. Il n'existe pas, à proprement parler, de sentiment d'efficacité « général » valable pour toute action. Votre enfant peut très bien se sentir capable de réussir dans tel domaine mais incapable dans tel autre. Pour croire en ses capacités de réussite dans telle ou telle matière scolaire, succès personnels et expériences réussies des autres devront être plus ou moins directement liés à ces matières. Par exemple, de nombreux parents imposent à leurs enfants des exigences scolaires rigoureuses difficiles à accomplir. Les résultats situés en dessous de ces critères sont dévalorisés et génèrent des tensions à la maison. Les enfants ayant une faible croyance en leur capacité à répondre aux exigences scolaires sont particulièrement vulnérables à l'anxiété de la réussite. Plutôt que de consacrer leurs efforts à résoudre la tâche qui leur est demandée (en l'occurrence, travailler à l'école), ils se découragent ou ils se détournent de ce qui leur semble impossible à réussir.

En ce qui concerne spécifiquement l'orientation, votre enfant aura peu de chances de consacrer beaucoup d'efforts à explorer des choix de formation ou de carrière s'il n'a pas confiance dans sa capacité à prendre de bonnes décisions. Mais Bandura rappelle que, pour se sentir efficace par rapport à une action donnée, encore faut-il en connaître les exigences. Ainsi, l'indécision, que l'on peut considérer comme un fiable sentiment d'efficacité par rapport au fait de prendre une décision, peut être réduite en aidant le jeune à s'informer de façon concrète sur les possibilités qui s'offrent à lui. Plus ces opportunités pourront être reliées à des éléments qu'il connaît (centres d'intérêt, forme d'intelligence, réussites passées plus ou moins en rapport, etc.) et plus il lui sera facile d'évaluer ses chances de réussite, et donc de prendre une décision. A défaut, la confrontation avec l'expérience de ceux qui font ce qu'il envisage de faire (ou, tout du moins, qu'il regarde avec curiosité) l'aidera également à se représenter concrètement l'activité ou la formation concernée. En effet, moins le support d'information sera lié au « réel » et moins l'information sera pertinente pour l'aider à se faire une représentation qu'il pourra confronter à ses croyances.

Si tu fais ce que tu as toujours fait, tu obtiendras ce que tu as toujours obtenu.
Anonyme

En matière d'orientation, plus l'objectif à atteindre est défini et plus il est facile de déterminer quelles aptitudes utiliser, quelle quantité d'effort mobiliser et combien de temps le maintenir. Lorsque des buts précis et un *feedback* existent, la croyance en son efficacité personnelle peut alors pleinement jouer son rôle de régulateur de la motivation et de la performance. C'est la raison pour laquelle, dans les domaines du tennis ou de la natation qui sont des sports où il n'est pas facile de constater le fruit de ses efforts, les entraîneurs utilisent l'audiovisuel pour aider leurs champions à mieux comprendre l'action de leurs efforts.

Je l'ai invité à regarder dans la vie des hommes comme dans un miroir et à prendre exemple sur les autres.
Térence

En orientation, on ne peut que conseiller de mettre l'accent sur l'observation de professionnels ou d'étudiants « en action » et, chaque fois que cela est possible, de donner l'occasion au jeune d'effectuer lui-même tout ou partie des tâches, par le biais de stages en entreprise par exemple.

Une bonne connaissance de soi est également essentielle pour faire des choix raisonnés d'orientation. Mais en l'absence d'expérience personnelle, l'évaluation de sa possible efficacité dans une tâche nouvelle est facilement influencée par tout exemple passé de comportement efficace ou inefficace qui vient spontanément à l'esprit. Le jeune concerné a donc besoin, outre de l'exemple de personnes exerçant ou ayant exercé l'action visée (comme nous venons de le voir), de la persuasion verbale d'une personne qu'il reconnaît comme objective. Inutile d'essayer de convaincre votre enfant qu'il est capable de se lancer dans des études de droit si vous-même ne savez pas vraiment en quoi ces études consistent et, pire, si vous êtes trop facilement en admiration devant ce cher petit. Nous, les parents ne nous rendons pas toujours compte des désastres que peut avoir une attitude trop facilement louangeuse. Contrairement à ce que nous pourrions penser, pour augmenter leur croyance en leur efficacité, nos enfants ont tout autant besoin de nos encouragements que de nos critiques. C'est ce qui crédibilise, à leurs yeux, nos opinions sur leurs capacités. Comme quoi, le « *mieux est parfois l'ennemi du bien* ».

ATELIER : LE BÉNÉVOLAT POUR AMÉLIORER SON SENTIMENT DE COMPÉTENCE

Ils peuvent parce qu'ils croient pouvoir.
Virgile

Une activité bénévole peut permettre d'améliorer son sentiment d'efficacité personnelle. Bien sûr, on peut exercer des jobs à l'année ou pendant les vacances, ou faire des stages en entreprise. Ces deux formes d'expérience restent assez contestées par les chercheurs qui, le plus souvent, ont constaté sur le terrain qu'elles n'apportaient que rarement (du moins au niveau des lycéens) un véritable plus en termes de confrontation avec le monde du travail. Il ne s'agit bien sûr pas de dire que les jobs sont à proscrire, car ils ont une (grande) utilité économique. Mais certaines études ont même révélé que certains jobs étaient trop précaires et ne nécessitaient pas suffisamment de qualification pour être réellement facteurs d'autonomie ou de plus grande estime en soi. A l'inverse, les activités bénévoles et librement consenties permettent le plus souvent d'augmenter son sentiment de compétence personnelle.

Il y a deux sortes d'efficacité, celle du typhon et celle de la sève.
Albert Camus

De plus en plus de jeunes s'engagent ainsi sur le terrain des associations. Les actions qu'ils réalisent, le plus souvent de façon bénévole, leur permettent d'explorer divers rôles, de découvrir comment prendre de bonnes décisions et résoudre des problèmes, d'éprouver leur sens du jugement dans des situations pressantes et de faire preuve de *leadership*. En ce sens, ils augmentent leur sentiment d'efficacité personnelle. Une enquête nationale sur le bénévolat, réalisée au Canada, pays où cette pratique est très fréquente, a révélé que 90 % des jeunes bénévoles croyaient avoir acquis des connaissances, des compétences, ou les deux, en faisant du bénévolat. En qualité de bénévoles, les jeunes ont beaucoup d'occasions d'acquérir des connaissances pratiques qui leur sont précieuses.

Maîtriser de nouvelles habiletés

Les jeunes peuvent découvrir leurs points forts, montrer leurs talents et maîtriser leurs nouvelles habiletés. Ils peuvent aussi découvrir leurs propres limites et les compétences dont ils ont besoin pour se développer. Le travail bénévole est une excellente façon de développer son intérêt et ses compétences pour des emplois futurs dans de nombreux domaines autres que les seuls secteurs du social et de la santé (tels que les relations publiques, la finance, la gestion organisationnelle, l'éducation et la formation, les sciences et la technologie, les arts et la culture, le sport et les loisirs, le droit et la justice). En fait, le bénévolat offre un plus large éventail de possibilités que les emplois rémunérés. Comme il existe des organismes bénévoles dans d'innombrables domaines, les possibilités sont presque illimitées. L'exemple de Jessica illustre assez bien ce que le bénévolat peut amener à un projet d'orientation. « *En deuxième année de Deug de droit, je me posais quelques questions sur mon avenir, bien que réussissant dans cette voie. J'avais envie de quelque chose qui me permettrait d'être plus proche des autres, de les aider. Un ami m'a conseillé de participer à une permanence de droit pour les particuliers. C'est ce que j'ai fait, dans un nouveau service du Tribunal d'instance de Douai. Ça m'a permis de comprendre que, malgré les matières un peu rébarbatives en Deug, le droit pouvait vraiment me permettre de rendre service.* »

Voici les bénéfices qu'un jeune peut concrètement retirer du bénévolat pour améliorer son sentiment de compétence.

Ca n'est pas parce que les choses sont difficiles que nous n'osons pas, c'est parce que nous n'osons pas qu'elles sont difficiles.
Sénèque

La croissance personnelle

- Image de soi positive, plus grande estime de soi et confiance en soi.
- Sentiment plus grand de valeur personnelle, d'être utile, d'avoir un but, de faire quelque chose de valable.
- Meilleure compréhension de soi (prise de conscience de soi-même) ; connaissance de ses aptitudes personnelles, de ses points forts, de ses centres d'intérêt, de ses points faibles et de ses limites ; découverte de talents cachés.
- Plus grande aptitude à accepter des responsabilités, à relever des défis et à prendre des initiatives.
- Capacité accrue de gérer ses propres affaires et de persévérer en dépit des difficultés (autodiscipline).
- Plus grande capacité de travailler avec d'autres personnes.
- Facilité d'adaptation aux personnes nouvelles et confiance dans les relations sociales.
- Découverte de situations nouvelles, de gens nouveaux et d'expériences nouvelles qui peuvent permettre d'apprendre et de comprendre des faits nouveaux.
- Possibilité d'explorer de nouveaux rôles et de nouvelles situations.
- Sentiment d'autonomie, d'indépendance et d'autosuffisance.
- Capacité plus grande d'influencer le cours de sa vie personnelle.

La sensibilisation au rôle social

- Développement de valeurs et de croyances personnelles.
- Meilleures connaissances et compréhension des autres ; capacité de manifester de l'empathie.
- Préoccupation plus marquée pour le bien-être des autres.
- Meilleure compréhension des différences culturelles et individuelles favorisée par la rencontre de personnes d'origines, de races et d'âges différents et aux compétences diverses.
- Nouvelle façon de concevoir l'équité et les questions sociales.

• Reconnaissance de la valeur intrinsèque du travail bénévole.
• Prise de conscience de sa responsabilité sociale.
• Possibilité accrue d'être un citoyen actif, au service de la communauté.

L'expérience professionnelle

• Expériences concrètes d'apprentissage et interactions quotidiennes courantes propres au milieu du travail.
• Connaissance pratique du fonctionnement des organisations et de leurs diverses structures internes.
• Expérience de travail avec d'autres à divers niveaux.
• Compréhension des réalités du monde du travail (par exemple, reconnaissance du fait que même les emplois les plus passionnants comportent certaines tâches ennuyeuses).
• Occasion de montrer son potentiel.
• « Qualités » et expérience (antécédents professionnels) pouvant figurer dans un curriculum vitae.
• Possibilité d'explorer ses centres d'intérêt et d'essayer divers rôles sans devoir s'y engager de façon irrévocable.
• Meilleure connaissance des possibilités de carrière.
• Possibilité de travailler dans un domaine professionnel d'intérêt (exploration de carrière).
• Etablissement de contacts et possibilité d'obtenir des références, de façon à augmenter les futures possibilités d'emploi.

2 - DES INTÉRÊTS ET DES VALEURS POUR LA VIE

Comme nous l'avons vu dans le chapitre I « L'important, c'est d'y croire » de la partie II, les croyances de nos enfants en leur efficacité personnelle, pour la réalisation de telle ou telle action, sont essentielles dans leurs choix d'orientation. Mais si les croyances sont importantes, est-ce que, pour autant, aucun indicateur ne peut être utilisé ? A la suite de nombreux chercheurs en orientation professionnelle, le psychologue John Holland a, quant à lui, passé plus de quarante ans de sa vie à étudier l'importance de nos intérêts dans la découverte et la poursuite d'objectifs professionnels. Pour lui, nos intérêts dans la vie sont assez prédictifs de nos réussites futures, et ce d'autant plus qu'ils sont très stables tout au long de la vie.

Celui qui en sait beaucoup sur les autres est peut-être instruit, mais celui qui se comprend lui-même est plus intelligent. Celui qui dirige les autres est peut-être puissant, mais celui qui s'est maîtrisé lui-même a encore plus de pouvoir.
Lao-tseu

UNE MÉTHODE POUR MIEUX SE DÉCOUVRIR

J'utilise les résultats les travaux de John Holland depuis près de quinze ans, à partir d'un questionnaire (le profil TRICAM) que j'ai mis au point et validé sur un public français. A ce jour, ce questionnaire a été utilisé par plus de 120 000 personnes, à la Maison de l'orientation mais aussi sur Internet et dans un grand nombre de salons dédiés à la formation initiale ou continue ou les métiers et emplois. Cette méthode est très utile, aux dires de tous ceux qui l'ont utilisée.

La vraie liberté, c'est de pouvoir toute chose sur soi.
Montaigne

Je ne suis pourtant pas sûr qu'elle soit si « prédictive » des succès professionnels d'une personne. Les plus ou moins bonnes croyances d'efficacité peuvent en effet venir perturber ce qui n'est au départ qu'une simple motivation. De même, avoir les « bons intérêts » ne suffit pas toujours, encore faut-il pouvoir trouver et emprunter le bon chemin pour atteindre un objectif. Ce dont je suis sûr, par contre, c'est que cette méthode des intérêts permet d'aider les individus à mieux prendre conscience de ce qui les motive vraiment. Une chose est sûre : il n'y a pas de chemin favorable sans une bonne motivation. Or nos centres d'intérêt sont des facteurs puissants de motivation.

Les résultats obtenus par une personne constituent une base sur laquelle un dialogue peut s'installer. Plusieurs études internes ont confirmé que les résultats obtenus par les personnes ayant passé le test renforcent, dans un très large pourcentage, la vision que ces personnes se faisaient déjà plus ou moins d'elles-mêmes. Par ailleurs, les conseillers qui utilisent cet outil dans le cadre de la Maison de l'orientation ou du service Internet www.assistance-orientation.com confirment eux aussi le grand intérêt des résultats obtenus par cet outil. Réfléchir sur nos centres d'intérêt permet en effet d'appréhender de manière très concrète le monde qui nous entoure. Cela nous permet même de nous « approprier » ce

Savoir-être ou savoir-faire ?

Plusieurs études sur le profil TRICAM ont montré un phénomène intéressant : les personnes ayant un profil plus ou moins fortement lié aux pôles méthode, technicité et réflexion s'en remettent généralement à leur savoir-faire. Ainsi, pour réussir dans la vie, elles pensent que ce qu'elles savent réellement faire sera déterminant. Ces personnes aiment donc apprendre des choses pratiques et concrètes pour accumuler les savoir-faire. Si elles se retrouvent en crise (difficultés à trouver une orientation, un stage ou un premier emploi, difficultés scolaires), elles auront tendance à vouloir démontrer leurs compétences techniques, parfois au-delà de ce qui leur est demandé.

monde. La fiabilité des résultats favorise bien évidemment la « croyance » en la méthode, mais au final, c'est grâce à la démarche elle-même qu'une personne va se créer sa propre représentation de ses centres d'intérêt.

Aimer apporter des idées ou avoir besoin d'une approche méthodique pour agir sont, par exemple, autant de bouts de la pelote de fil sur lesquels nous pouvons tirer pour nous construire une représentation du monde professionnel. Cette représentation partant de nous-mêmes, nous aurons donc d'autant plus envie d'investiguer. Dans le cas contraire, nous sommes un peu condamnés à imaginer ce monde des métiers comme une vaste loterie où nos chances de réussir dépendront du hasard des rencontres et de l'information disponible, pour peu que nous sachions la trouver.

L'EFFET JAPON

Utiliser le profil TRICAM, c'est se doter d'un puissant outil de recherche. Plusieurs études en psychologie ont montré qu'un jeune à la recherche de son orientation était un peu comme un chercheur qui, face à l'inconnu, est le plus souvent amené à raisonner par analogie. Il cherche les ressemblances entre des phénomènes distincts pour en trouver les constantes et mettre au point des hypothèses qu'il pourra ensuite tester et vérifier. De la même façon donc, sélectionner des idées de métiers, c'est, entre autres choses, trouver des similitudes entre soi et le monde professionnel. Plusieurs théories de l'orientation montrent d'ailleurs que cette façon de procéder est loin d'être seulement arbitraire. En effet, on constate que les personnes bien adaptées au sein d'une activité professionnelle partagent des caractéristiques communes. Ainsi, pour ne prendre qu'un exemple, les garagistes sont-ils majoritairement des personnes qui aiment travailler de leurs mains, qui ont besoin de comprendre concrètement tel ou tel dysfonctionnement et qui préfèrent, assez généralement, apprendre par eux-mêmes.

Parallèlement, le profil TRICAM permet une meilleure concentration sur les objectifs à atteindre et facilite l'accès aux bonnes informations. Si l'un de vos amis vous propose pour les prochaines vacances un voyage au Japon, comme par miracle vous allez bénéficier d'un grand nombre d'informations nouvelles sur ce pays. Vous allez peut-être ainsi découvrir que la sœur de votre meilleure amie a effectué deux ans d'études à Osaka-Kobé et qu'elle peut vous initier aux us et coutumes du pays, que la bibliothèque de votre tante contient quelques ouvrages sur ce pays où elle a toujours rêvé d'aller, que le musée de votre ville propose actuellement une exposition sur les samouraïs, etc. Il n'y aura en fait aucune magie, mais simplement ce que j'aime appeler « l'effet Japon ». Ce phénomène non identifié par la médecine se résume au simple fait que lorsque notre esprit se concentre sur quelque chose, il est plus réceptif à cela qu'à l'ordinaire.

Je suis sûr que vous connaissez mille exemples.

Il en va de même avec le profil TRICAM. Sensibilisé à son attirance pour la Technicité ou la Réflexion, à sa grande capacité d'Imagination ou de Coopération avec les autres, au plaisir qu'il prend dans l'Action ou à son besoin de Méthode, votre enfant sera plus attentif à la présence ou non de ces pôles dans les activités professionnelles. Cette façon de penser deviendra pour lui une véritable grille de décryptage pour partir à la pêche aux informations et constituera une aide à la prise de décision.

Aucun test ne réussira jamais à prédire l'avenir professionnel de vos enfants et c'est tant mieux. Mais la méthode proposée ici peut tout au moins vous aider à trouver des pistes avec eux, en les aidant à prendre en compte leurs centres d'intérêt au-delà de la seule représentation sociale des métiers. *Last but not least*, cette méthode leur permettra sûrement de mieux comprendre qu'avant toute chose, l'orientation est une affaire personnelle.

LE PROFIL TRICAM

Il peut se résumer en cinq grands constats :

Le poids de l'inné

Si nous ne sommes en rien prédestinés, de nombreuses études ont montré que certaines activités nous correspondent mieux que d'autres. Ainsi, avec un même diplôme, telle personne aura plaisir à travailler dans un environnement qui favorise le travail en équipe, tandis qu'une autre préférera travailler seule. Par ailleurs, toutes les études ont montré que nos intérêts, à la base de cette théorie, sont très stables tout au long de la vie. Ils se fixent à partir de l'âge de 15/16 ans (chez certains, cette « fixation des intérêts » intervient tardivement, soit entre 19 et 21 ans, sans qu'on puisse en déterminer la cause) et varient peu par la suite.

Qui se ressemble s'assemble

Chaque activité, chaque environnement de travail a tendance à réunir des personnes qui partagent des intérêts en commun et qui, dans une certaine mesure, se ressemblent. Ainsi, pour reprendre l'exemple des garagistes, il n'est pas difficile de vérifier que la plupart d'entre eux ne sont pas de grands bavards et détestent généralement les grandes discussions théoriques. La façon d'être et de communiquer des professionnels d'un secteur donné, leur manière de voir la vie et de s'organiser sont autant d'éléments qui facilitent le travail en commun. Les différents types d'intérêts correspondants peuvent être décrits simplement et la méthode, reposant sur une typologie par famille d'intérêts, permet de savoir pour quel type d'environnement de travail une personne est plutôt faite.

Quasiment à l'opposé, les personnes ayant un profil fortement connoté imagination, action ou coopération pensent que leur savoir-être les aidera à réussir et à atteindre leurs objectifs. Ces personnes sont souvent un peu moins assidues scolairement que celles du premier groupe. Elles aiment apprendre sur le terrain, « *sur le tas* », comme on dit. Si elles se retrouvent en crise, elles auront alors tendance à montrer la force de leurs émotions et leur capacité à communiquer. Là encore, parfois au-delà de ce qui leur est demandé.

Une fois familiarisé avec la théorie des intérêts, on découvre qu'elle comporte de très nombreux avantages. Elle repose sur des principes simples et facilement compréhensibles par tous.

Elle n'est pas figée, mais permet, au contraire, une démarche active. C'est une méthode qui « laisse du temps au temps », car elle montre que nos décisions ne sont jamais irrévocables et peuvent se construire par étapes successives. C'est une méthode, enfin, qui laisse toute la place à l'exploration par le recours à des hypothèses successives. C'est une méthode, enfin, qui laisse toute la place à l'exploration par le recours à des hypothèses successives.

Elle facilite les choix d'orientation, car elle permet d'aller rapidement à l'essentiel.

La théorie des intérêts est profondément humaine et respecte l'intimité des personnes, car elle ne nécessite pas d'aller fouiller dans notre inconscient, comme le font les méthodes faisant appel à des théories plus psychologiques.

Elle constitue aussi un formidable moyen de mieux connaître et de comprendre les autres, permettant ainsi de vivre plus facilement en harmonie.

Le nombre de recherches effectuées sur sa validité et sa réelle efficacité pratique, dans la durée (plus de quarante ans) et l'espace (sur quasiment tous les continents), la rend totalement unique dans sa spécialité.

Mieux se connaître pour croire en soi

Mieux connaître nos motivations profondes facilite la prise de décision. Les possibilités qui s'offrent à nous sont toujours aussi nombreuses mais les choix sont facilités par la connaissance d'éléments de réflexion. Quand on sait mieux ce que l'on aime vraiment, il est plus facile de cibler les métiers où l'on aura le plus de chances de réussite. Nous verrons d'ailleurs que mieux connaître ses intérêts peut même augmenter le nombre et la variété des choix possibles. En effet, souvent c'est simplement parce que l'on craint de ne pas réussir que l'on abandonne tel ou tel choix. Mieux connaître ses potentialités permet d'avoir une plus grande confiance en soi.

Mieux comprendre les modes de fonctionnement

Chaque famille d'intérêts (elles sont au nombre de six, comme nous le verrons plus loin) a tendance à communiquer d'une certaine façon. Mieux connaître ces groupes, c'est se donner une plus grande chance de savoir communiquer avec eux. Cela nous permet en effet de mieux comprendre ce que tel ou tel interlocuteur est susceptible de nous proposer d'intéressant par rapport à nos propres objectifs et, le cas échéant, de convaincre plus aisément. Par ailleurs, mieux connaître son propre mode de communication évite les malentendus et les pertes de temps pour la poursuite de ses objectifs d'orientation. Dans un monde où il s'agit aussi de savoir saisir les opportunités (voir la première partie), cela devient une compétence essentielle.

Atteindre son but plus rapidement

Enfin, il est démontré que plus une personne a défini ses propres aspirations et plus facilement elle atteint ses objectifs. Elle augmente ses chances de trouver la formation et l'activité professionnelle lui correspondant le mieux, car elle est plus apte à trouver l'information nécessaire. Prenons un exemple : si vous avez décidé de passer vos prochaines vacances au Japon, comme par enchantement, une foule d'informations sur ce pays va vous assaillir en permanence. On pourrait presque dire que la réalité extérieure collabore avec notre réalité intérieure. Comme le disaient déjà les anciens Grecs, « *Il n'y a pas de vent favorable pour celui qui ne connaît pas son port* ».

LES SIX GRANDS PÔLES D'INTÉRÊTS

Le pôle technicité

On y trouve des personnes qui préfèrent les emplois et les activités ancrés dans la réalité, permettant la manipulation ordonnée d'objets, d'outils, de machines et d'animaux. Ces personnes se sentent généralement moins intéressées et moins compétentes pour tout ce qui touche aux rapports sociaux. Elles ont un bon sens pratique et abandonnent rarement une tâche avant de l'avoir terminée.

Le pôle réflexion

Il rassemble des personnes douées pour les mathématiques et les sciences, mais qui n'aiment pas trop diriger des équipes. Elles sont indépendantes, circonspectes, intellectuelles, précises, curieuses et méthodiques. Elles adorent apprendre en permanence de nouvelles choses.

Le pôle imagination

Il réunit des personnes qui ne laissent pas indifférentes, mais qui peuvent aussi totalement dérouter leurs interlocuteurs. Ces personnes sont, en effet, désordonnées, impulsives, indépendantes, originales, idéalistes, intuitives.

Le pôle coopération

Il concerne les personnes qui aiment porter assistance à autrui. Former, guérir, enseigner, ou encore informer sont leurs activités favorites. On les décrit comme accueillantes, délicates, responsables, convaincantes, généreuses et tolérantes.

Le pôle action

L'action correspond à l'intérêt pour la direction d'équipe, l'esprit d'entreprendre et le besoin de relever des challenges. Les personnes de ce pôle sont particulièrement toniques. On dit d'elles qu'elles sont autoritaires, entreprenantes, ambitieuse, meneuse.

Le pôle méthode

Les personnes de ce pôle aiment surtout les activités qui nécessitent ordre et systématisme. En un mot, elles aiment la régularité dans le travail. Ce sont des personnes calmes, ordonnées et consciencieuses qui s'intègrent souvent très bien dans une équipe de travail. Elles en deviennent même le plus souvent l'un des pivots.

CONGRUENCE OU INCONGRUENCE ?

Certaines personnes, certains environnements de travail se définissent plus clairement que d'autres. Ainsi telles personnes ou tels environnements se définiront-ils d'abord et avant tout à travers un seul des six pôles de compétences, alors que les autres présenteront un profil correspondant à un mélange de plusieurs pôles. Plus le profil d'une personne

Pour quel métier êtes-vous fait ? de Gérard Roudaut, aux Editions Studyrama.

Confrontés au choix d'une formation ou d'un métier, beaucoup n'envisagent souvent qu'une alternative : suivre les voies de la mode ou s'orienter vers des domaines supposés échapper à la crise. Ce guide vous offre une autre optique : vous orienter en fonction de vos goûts et de votre personnalité. Au fil des pages, vous apprendrez à mieux vous connaître grâce à une méthode fondée sur des travaux américains. Ceux-ci reposent sur un principe simple : notre réussite professionnelle sera d'autant plus grande que notre environnement de travail correspondra à ce que nous sommes et à ce que nous aimons. Des tests simples et pratiques vous permettent de découvrir quel groupe d'intérêts répond à votre profil. Ces quiz, véritables révélateurs de vos compétences et de vos atouts, vous aideront à choisir les formations et les métiers qui vous correspondent le mieux. En accord avec vous-même vous aurez alors toutes les chances du succès.

Pour quelles études êtes-vous fait ? de Gérard Roudaut et Anne Boisseleau, aux Editions Studyrama.

Vous n'avez pas d'idées précises. Ce livre vous permettra de découvrir vos vrais talents pour déterminer vos meilleures chances de réussite, domaine par domaine. Vous avez déjà une première idée de filière. Ce livre vous aidera à confirmer cette idée ou à la modifier pour mieux tenir compte de vos meilleures chances de réussite. Vous vous intéressez à un domaine de formation. Ce livre vous indiquera toutes les filières de formation possibles et vous montrera celles qui vous correspondent le mieux. Vous avez entrepris des études qui ne vous plaisent pas et vous voudriez changer. Avec ce livre, vous pourrez repartir de vos vrais atouts et compétences pour trouver la réorientation la plus appropriée.

sera fortement lié à un nombre restreint de pôles et plus il sera facile de cerner l'environnement de travail dans lequel cette personne saura donner le maximum d'elle-même. A l'inverse, bien sûr, plus le profil d'une personne sera hétérogène (pas de pôles particulièrement en avant et pôles peu proches les uns des autres) et plus il sera difficile de l'aider à s'orienter. Ce cas est d'ailleurs assez rare.

L'interaction entre notre personnalité et l'environnement dans lequel nous évoluons détermine par ailleurs notre comportement. Plus un environnement professionnel nous permet de nous comporter comme nous aimons le faire et plus nous avons de chances de réussite dans notre travail. Les imaginatifs évoluent mieux dans des environnements du pôle imagination, c'est-à-dire faisant appel à une certaine ambiguïté dans l'organisation, leur permettant ainsi d'exprimer leurs émotions et leur créativité. Les techniques, eux, se sentent bien dans des environnements qui valorisent le sens pratique et le concret, et ainsi de suite pour tous les pôles. La plus ou moins grande adéquation entre le profil d'une personne et celui de l'environnement dans lequel elle travaille ou se forme s'exprime par la notion de congruence ou d'incongruence.

L'incongruence, et donc le risque de découragement voire d'échec, menace lorsqu'une personne évolue dans un environnement peu cohérent avec le ou les pôles d'intérêts dans lesquels elle se reconnaît le mieux. Par exemple, une personne du pôle imagination qui travaillerait dans une banque (environnement correspondant plutôt au pôle méthode) a toutes les chances de déprimer, sauf peut-être si elle travaille dans le service de communication externe ou du marketing, services bénéficiant eux-mêmes d'une grande indépendance par rapport au reste de l'entreprise.

QUIZ : QUESTIONNAIRE TRICAM

Questionnaire n° 1 : votre manière d'être

Voici trente situations de la vie courante, chacune suivie de deux réponses possibles. Pour répondre, cochez la lettre de la phrase choisie. S'il vous est difficile de choisir entre deux réponses, parce que les deux vous correspondent ou, au contraire, parce qu'aucune ne vous définit totalement, choisissez tout de même celle qui, au final, est la plus proche. Dans la mesure du possible, essayez de répondre rapidement et de façon spontanée.

1. Je déteste le plus :
C Travailler seul(e)
T Parler de moi

2. Je préfère :
A Agir d'abord, réfléchir ensuite
R Réfléchir avant d'agir

3. Dans un groupe, j'aime :
A Prendre l'initiative
I Apporter de nouvelles idées

4. Mon loisir préféré :
R Rechercher des informations sur le net
A Participer à une fête

5. On dit de moi que je suis :
T Terre-à-terre
I Rêveur(se)

6. Dès que j'en ai la possibilité :
T Je profite du grand air
C Je passe du temps avec mes ami(e)s

7. Je suis très attiré(e) par :
M La gestion
I La philosophie

8. Je préfère les personnes :
A Entreprenantes
R Réfléchies

9. Ce qui me définit le mieux :
M Mon sens de l'organisation
I Mon sens esthétique

10. Dans une situation de crise :
A Je fais front
T Je perds un peu mes moyens

11. Mon occupation préférée :
C Aider les autres
R Résoudre des problèmes compliqués

12. Je préfère :
T Bricoler
C Rencontrer des amis

13. Ce qui me stimule le plus :
R Les problèmes compliqués à résoudre
C La réflexion en commun

Mode d'emploi
Questionnaire à compléter par l'enfant.

Nous vous proposons une batterie de questions pour mieux vous connaître. Vous pouvez y consacrer le temps que vous voulez, mais nous vous conseillons d'y répondre le plus spontanément possible. Rassurez-vous, aucun piège ne vous est posé ! Avec un peu de perspicacité, et compte tenu de tout ce que vous venez de lire, vous devriez comprendre le sens de nombreuses questions. Contrairement aux tests habituels, de recrutement par exemple, le jeu ne consiste pas à « sortir de la boîte » un résultat mystérieux, proche disons d'un horoscope. L'énorme avantage de la méthode proposée est précisément sa transparence. Elle vous permet de construire vous-même votre démarche, en toute connaissance de cause, en utilisant des informations claires et faciles d'accès. Vous pourrez ensuite consulter individuellement ou en famille les types d'activités professionnelles qui vous correspondent le mieux.

14. On dit de moi que je suis :
C Serviable
M Consciencieux(se)

15. Je suis attiré(e) par :
T Les activités techniques
I Tout ce qui fait appel à l'imagination

16. Pour moi, la meilleure façon de faire, c'est de :
C Communiquer avec les autres
M Avoir une organisation stricte

17. L'adjectif qui me définit le mieux :
A Autoritaire
I Original(e)

18. Mon péché mignon :
T Je n'aime pas prendre la parole
A J'aime être mis en avant

19. Le plus important pour moi, c'est de :
C Travailler en équipe
R Apprendre en permanence de nouvelles choses

20. Je trouve la solution à un problème :
M En appliquant une méthode
R Par déduction logique

21. Pour bien travailler, j'ai besoin :
C D'un bon climat de confiance
M D'avoir des objectifs clairement définis

22. Pour mieux travailler, j'ai besoin :
M De calme
I De sujets passionnants

23. Ce que j'aime le plus :
C Rencontrer des gens nouveaux
T Faire une randonnée solitaire

24. J'ai un grand besoin de :
T Travailler sur du concret
I Faire preuve de créativité

25. Je suis plutôt :
R Réfléchi(e)
M Méthodique

26. Ce qui me motive :
I La nouveauté
A La réussite

27. Je pense personnellement que :
I Les règles empêchent souvent d'avancer
M Sans un minimum de règles, il n'y a pas d'efficacité possible

28. Dans une équipe, je suis plutôt :
A Le *leader*
R L'intellectuel(le)

29. Je pense être plutôt :
T Introverti(e)
A Extraverti(e)

30. Pour mieux m'organiser, j'ai besoin de :
M Savoir ce que l'on attend de moi
R Avoir une certaine autonomie

Calculez vos résultats du questionnaire n° 1 (votre manière d'être).
Reportez les résultats positifs pour chacune des six lettres T, R, I, C, A et M dans le tableau ci-dessous.

Nombre de T	Nombre de R	Nombre de I	Nombre de C	Nombre de A	Nombre de M

Mode d'emploi

Choisissez dans les listes suivantes les types d'activités et d'environnements de travail ou de formation vers lesquels vont vos préférences. Répondez par « OUI » ou par « NON » en cochant la case correspondante. Dans la mesure du possible, essayez de répondre rapidement et de façon spontanée.

Questionnaire n° 2 : vos types d'environnements privilégiés

T comme Technicité

	OUI	NON
Les activités favorisant les compétences manuelles et les capacités physiques		
Les activités dont les objectifs sont clairement définis		
Les activités faisant appel à des connaissances et des savoir-faire techniques		
Les activités síexerçant de préférence en extérieur ou au grand air		
Les activités donnant l'occasion de mettre au point des solutions concrètes à des problèmes		
Les environnements qui favorisent l'utilisation d'outils et de machines		
Les environnements structurés et proposant des horaires réguliers		
Les environnements qui nécessitent pas trop de discussions collectives		
Les environnements qui permettent de travailler seul(e)		
Les environnements qui permettent d'acquérir des expériences concrètes		
Total de OUI pour T		

R comme Réflexion

	OUI	NON
Les activités qui permettent de résoudre des problèmes compliqués		
Les activités dont les objectifs sont la recherche de solutions nouvelles		
Les activités faisant appel à des connaissances et des savoir-faire intellectuels		
Les activités s'exerçant de préférence dans une atmosphère non directive		
Les activités donnant l'occasion de mettre au point des façons de faire innovantes		
Les environnements qui favorisent le contact avec des personnes compétentes et expérimentées		
Les environnements pas trop structurés et proposant des horaires libres		
Les environnements qui nécessitent pas trop de travail d'exécution		
Les environnements qui permettent de travailler en équipe pluridisciplinaire		
Les environnements qui permettent de continuer d'apprendre de nouvelles choses		
Total de OUI pour R		

I comme Imagination

	OUI	NON
Les activités qui font appel à l'imagination		
Les activités où l'on peut apporter ses propres idées		
Les activités faisant appel à des expériences extérieures		
Les activités s'exerçant de préférence dans un domaine artistique		
Les activités donnant l'occasion de mettre au point de nouvelles manières de faire		
Les environnements qui permettent d'échapper à la routine		
Les environnements pas trop structurés et permettant l'auto-organisation de son travail		
Les environnements qui nécessitent pas trop de contrôles administratifs		
Les environnements où l'on peut être reconnu pour sa créativité		
Les environnements qui permettent de mettre en œuvre son sens artistique		
Total de OUI pour I		

C comme Coopération

	OUI	NON
Les activités favorisant le travail en équipe		
Les activités dont les objectifs sont d'aider les autres		
Les activités faisant appel à des compétences de relations humaines		
Les activités s'exerçant de préférence dans un domaine social		
Les activités donnant l'occasion d'être en contact avec beaucoup de gens différents		
Les environnements qui favorisent le dialogue et l'interaction		
Les environnements chaleureux où l'on peut partager les idées		
Les environnements qui ne nécessitent pas de travailler dans son coin		
Les environnements qui reposent sur une organisation collective du travail		
Les environnements où règne un climat de confiance		
Total de OUI pour C		

A comme Action

	OUI	NON
Les activités où l'on peut prendre des décisions		
Les activités dont les objectifs sont orientés vers l'action concrète		
Les activités faisant largement appel à l'initiative individuelle		
Les activités s'exerçant de préférence dans un domaine où l'on peut exercer des responsabilités		
Les activités donnant l'occasion de mettre au point des stratégies		
Les environnements qui favorisent la compétition		
Les environnements structurés et qui permettent la conduite de projets		
Les environnements dans lesquels les discussions préalables ne sont pas très importantes		
Les environnements qui permettent la prise de risque		
Les environnements qui permettent de développer son sens de la direction d'équipe		
Total de OUI pour A		

M comme Méthode

	OUI	NON
Les activités permettant de gérer des dossiers		
Les activités dont les objectifs sont clairement définis et acceptés par tous		
Les activités faisant appel à des compétences techniques précises		
Les activités s'exerçant de préférence dans un domaine administratif ou financier		
Les activités donnant l'occasion de prouver ses compétences		
Les environnements qui favorisent le travail en coopération		
Les environnements structurés et proposant des activités régulières et stables		
Les environnements où la compétition entre les gens n'est pas trop importante		
Les environnements qui permettent à chacun de trouver sa place		
Les environnements qui permettent de mettre en œuvre son sens du travail d'équipe		
Total de OUI pour M		

Calculez vos résultats du questionnaire n° 2 (vos types d'environnements privilégiés).
Reportez les résultats positifs pour chacune des six lettres T, R, I, C, A et M dans le tableau ci-dessous.

Nombre de T	Nombre de R	Nombre de I	Nombre de C	Nombre de A	Nombre de M

Mode d'emploi

Choisissez dans les listes suivantes les types de loisirs vers lesquels vont vos préférences. Répondez par « OUI » ou par « NON » en cochant la case correspondante. Dans la mesure du possible, essayez de répondre rapidement et de façon spontanée.

Questionnaire n° 3 : vos loisirs de prédilection

T comme Technicité

	OUI	NON
Effectuer des travaux de rénovation dans une maison ancienne		
Cultiver des plantes ou des fleurs		
Faire du sport		
Réparer un système électrique ou électronique		
Fabriquer des modèles réduits		
Faire une randonnée à cheval		
Confectionner des vêtements		
Faire de la cuisine		
Bricoler à la maison		
Lire des revues spécialisées (automobile, mécanique, sport, couture, bricolage, animaux, etc.)		
Total de OUI pour T		

R comme Réflexion

	OUI	NON
Jouer aux échecs		
Apprendre une langue étrangère		
Rechercher de l'information sur Internet		
Lire des revues ou des livres scientifiques		
Regarder un documentaire à la télévision		
Revoir un point de cours mal compris		
Assister à des conférences ou à des colloques		
Discuter avec des spécialistes		
Travailler à une invention personnelle		
Suivre des formations complémentaires dans son domaine de prédilection		
Total de OUI pour R		

I comme Imagination

	OUI	NON
Assister à un concert ou visiter une exposition		
Jouer d'un instrument ou écouter de la musique		
Assister à un défilé de mode ou à une manifestation artistique		
Faire une promenade en forêt		
Lire un roman ou de la poésie		
Collectionner des objets rares ou précieux		
Acheter des vêtements originaux		
Faire de la sculpture, peindre ou dessiner		
Discuter avec des artistes		
Apprendre à se servir du dernier logiciel de dessin assisté par ordinateur		
Total de OUI pour I		

C comme Coopération

	OUI	NON
Participer à une réunion politique		
Aider ses amis à résoudre leurs problèmes		
Participer à une randonnée pédestre en montagne		
Passer un bon moment entre amis		
Jouer dans une pièce de théâtre		
Donner des cours de soutien à des élèves en difficulté		
Résoudre un conflit familial ou entre voisins		
Faire connaissance avec de nouvelles personnes		
Partir en week-end à l'étranger		
S'occuper d'enfants		
Total de OUI pour C		

A comme Action

	OUI	NON
Pratiquer un sport de combat		
Participer à une soirée mondaine		
Jouer au golf		
Sauter en parachute		
Passer une soirée à jouer dans un casino		
Assister à une soirée de gala avec des personnalités du spectacle		
Sortir en boîte de nuit avec des amis		
Participer à un concours		
Diriger une association		
Monter un grand projet		
Total de OUI pour A		

◗ M comme Méthode

	OUI	NON
Jouer aux cartes en famille		
Recevoir quelques amis à dîner		
Rendre visite à sa famille		
Faire des mots croisés		
Faire ses comptes		
Faire un ménage complet de sa maison		
S'étendre sur une plage au soleil		
Aller au cinéma avec son/sa meilleur(e) ami(e)		
Assister à une réunion d'anciens élèves		
Réviser ses leçons		
Total de OUI pour M		

Calculez vos résultats du questionnaire n° 3 (vos loisirs de prédilection). Reportez les résultats positifs pour chacune des six lettres T, R, I, C, A et M dans le tableau ci-dessous.

Nombre de T	Nombre de R	Nombre de I	Nombre de C	Nombre de A	Nombre de M

Mode d'emploi

Choisissez dans la liste suivante les cinq métiers vers lesquels vont vos préférences. Dans la mesure du possible, répondez rapidement et de façon spontanée.

Questionnaire n° 4 : les cinq métiers de vos rêves

Chargé d'études marketing	R	C	M
Chargé du recrutement	C	M	A
Chauffeur de taxi	C	A	T
Chef de chantier	A	T	C
Chef de mission humanitaire	A	C	T
Chef de rayon	A	C	M
Chirurgien-dentiste	R	C	T
Clown	I	C	T
Comédien	I	A	C
Commandant de bord	T	A	C
Comptable	M	T	C
Conservateur de musée	R	T	C
Créateur de publicité	I	A	T
Designer de mobilier	T	I	C
Diététicien	C	A	R
Directeur financier	M	A	R
Educateur de jeunes enfants	C	I	A
Entraîneur sportif	C	T	A
Ethnologue	R	T	A
Fusilier marin	T	A	C
Garde-chasse	A	C	T
Géographe	R	T	A
Graphiste	I	A	T
Guide interprète	A	C	I
Hôtesse de l'air/steward	A	C	T
Infirmier-anesthésiste	T	C	R
Ingénieur informatique	T	R	A
Ingénieur télécoms	R	T	C

Journaliste	R	I	C
Juge pour enfants	A	C	M
Libraire	C	A	R
Médecin	T	C	A
Reporter	A	I	R
Responsable logistique	A	C	M
Restaurateur d'art	R	T	I
Secrétaire trilingue	M	A	C
Sociologue	R	A	C
Sommelier	A	C	I
Staffeur (décoration bâtiment)	T	A	C
Styliste en vêtements	I	C	A
Technicien forestier	T	R	C
Urbaniste	T	I	C
Vendeur automobile	A	C	T
Vendeur export	A	C	I
Verrier	T	I	M
Vétérinaire	R	T	C
Vigneron	T	R	C
Visiteur médical	C	A	T
Vitrailliste	T	A	I
Webmaster	A	I	C

Calculez vos résultats du questionnaire n° 4 (les cinq métiers de vos rêves).

Totalisez vos réponses dans le tableau des résultats, en comptant un point pour chacune des lettres T, R, I, C, A et M de chaque métier sélectionné. Reportez les résultats ci-dessous.

Nombre de T	**Nombre de R**	**Nombre de I**	**Nombre de C**	**Nombre de A**	**Nombre de M**

La synthèse de vos résultats

	Nombre de T	Nombre de R	Nombre de I	Nombre de C	Nombre de A	Nombre de M
Questionnaire n° 1						
Questionnaire n° 2						
Questionnaire n° 3						
Questionnaire n° 4						
TOTAL						
	Technicité	Réflexion	Imagination	Coopération	Action	Méthode

Notez ici votre profil TRICAM constitué des trois premières lettres pour lesquelles vous avez obtenu le plus de points : ....

Comment faire en cas d'*ex aequo* ?

Il se peut que parmi les trois lettres arrivées en tête (voire les quatre lettres), une ou plusieurs d'entre elles totalisent le même score. Dans ce cas, indiquez-les comme dans l'exemple suivant :

1er : T et I
2e : R
3e : M

L'analyse de vos résultats

Vous êtes bien sûr impatient de lire les deux ou trois profils dont vous êtes le plus proche, d'après les résultats aux tests. Nous vous conseillons néanmoins de lire l'ensemble des six descriptions. Il s'agit non seulement d'avoir une idée la plus précise possible de votre propre profil, mais aussi de comprendre l'ensemble de l'éventail des comportements. Cela vous permettra de mieux comprendre vos forces (constituées souvent par vos différences, qui sont autant de complémentarités possibles avec les autres), mais aussi de mieux cerner des comportements qui vous étaient jusqu'à présent étrangers : voici une occasion rêvée d'apprendre à vivre en bonne intelligence avec les autres.

Le pôle technicité

Les personnes à dominante technicité ont une préférence marquée pour les activités ancrées dans la réalité et elles manifestent de l'intérêt pour le maniement d'objets, d'outils ou de machines, parfois au détriment des rapports humains, pour lesquels elles se déclarent souvent « incompétentes ».

Plusieurs études ont ainsi montré que ces personnes ont souvent une véritable aversion pour les activités de type pédagogique (apprendre aux autres) ou thérapeutique (soigner des malades). De même, en dehors d'aspects pratiques ou techniques, elles sont peu intéressées par les échanges sociaux au travail. Elles préfèrent l'action à la discussion.

Ce sont des personnes qui n'aiment pas parler d'elles, qui sont peu intuitives et peu perspicaces, mais que les autres considèrent comme « authentiques » et sincères. Que ce soit pendant leur formation, ou plus tard dans le travail, elles sont pragmatiques et aiment les résultats tangibles. C'est peut-être d'ailleurs pour cela qu'elles ne sont pas insensibles aux récompenses. La juste rémunération de leur travail est, pour elles, un point extrêmement important. Les personnes à dominante technicité aiment avoir une certaine liberté de manœuvre. Elles sont ambitieuses et adeptes du *self-control*.

Ces personnes sont dites : authentiques, concrètes, conformistes, dogmatiques, inflexibles, matérialistes, naturelles et réservées.

Leurs phrases :

- *« J'ai besoin d'être en forme pour donner le meilleur de moi-même et je me couche souvent de bonne heure. »*
- *« Je prends mon travail très à cœur. Au début de ma formation, j'avais constamment besoin de bien faire, d'être apprécié par mes profs. C'était une pression incroyable. En troisième année, je me sens plus sûr de moi et j'ai l'impression de bien maîtriser les techniques. Parfois, je me demande si ce sera aussi simple dans le monde du travail. Si je n'aurai pas besoin de réapprendre en fonction du lieu où je tomberai. »*
- *« Souvent, ce sont les discussions qui nous font perdre du temps. »*
- *« Cette formation en apprentissage, ça a été un vrai régal pour moi. Il y avait un vieux compagnon qui m'a transmis un tas de ses "trucs" pour réaliser les choses plus facilement. C'est là qu'on s'aperçoit que l'astuce est souvent mille fois plus efficace que les grands raisonnements qu'on nous tient à l'école. »*

Ces personnes sont dites :
analytiques, complexes, critiques, curieuses, indépendantes, intellectuelles, introspectives, pessimistes, précises, radicales, rationnelles et réservées.

Leurs phrases :

• *« Le plus important pour moi, c'est qu'il y ait en permanence quelque chose de nouveau dans le travail, quelque chose que je ne connais pas encore. »*

• *« Tout évolue en permanence, c'est ça qui me permet d'apprendre tout le temps. J'adore. »*

• *« Plus on connaît de choses, plus on connaît de façons de faire, et plus on a envie d'en connaître d'autres. Ça empêche de tomber dans la routine. »*

• *« Mon copain a parfois du mal à comprendre pourquoi je passe autant de temps à lire des bouquins sur des sujets de boulot. Lui, une fois rentré à la maison, c'est le black-out. Parfois, on ne se comprend plus du tout. »*

• *« Je ne m'occupe pas de ce que les autres disent sur ma manière de travailler. Le plus important pour moi, c'est de comprendre comment je fais mon travail. »*

Le pôle réflexion

Les personnes à dominante réflexion aiment comprendre. Elles se caractérisent par leur goût pour la recherche, sous toutes ses formes et dans tous les domaines. Leurs préférences vont vers des activités, de formation ou de travail, permettant d'étudier les divers phénomènes physiques, culturels, sociaux ou biologiques. Elles sont d'ailleurs souvent douées pour les mathématiques et les sciences.

A l'inverse, par exemple, des personnes à forte dominante technique, elles n'aiment pas les problèmes dont les solutions sont purement techniques ou pratiques. Elles leur préfèrent les défis compliqués et faisant appel à la créativité et au raisonnement plus qu'aux règles bien établies. Leur attirance pour l'abstrait les rend souvent rétives aux aspects administratifs ou hiérarchiques et elles aiment l'indépendance dans le travail. Mais tout cela ne les empêche pas d'être méthodiques et précises.

Le pôle imagination

Les personnes à dominante imagination préfèrent les activités libres, ambiguës et non systématiques. Elles se perçoivent elles-mêmes comme étant non conformistes, ouvertes, expressives et introspectives. Elles ont de vraies qualités pour tout ce qui est de nature artistique et, plus généralement, pour tout ce qui fait appel au *feeling* et à l'émotion. Elles détestent par-dessus tout les activités répétitives comme, par exemple, les activités d'ordre administratif. C'est pourquoi elles sont particulièrement attirées par les activités (travail, formation ou loisirs) leur permettant de s'exprimer et de manifester leurs valeurs esthétiques. Les conditions matérielles et financières ne sont pas le plus important pour elles et elles peuvent faire preuve de beaucoup de courage dans la poursuite de leur but.

A noter : « l'imaginatif » est quelqu'un qui met souvent du temps avant de « se trouver », sauf si, bien sûr, il a une vocation ancienne (musique, arts graphiques, etc.). C'est un phénomène qui est donc à prendre en compte, l'artiste se frottant à la vie peut-être plus que les autres. Ce sont souvent les expériences vécues qui lui permettent de se construire un chemin.

Ces personnes sont dites : compliquées, désordonnées, émotives, expressives, idéalistes, imaginatives, impulsives, indépendantes, introspectives, intuitives, non conformistes, ouvertes, originales et sensibles.

Leurs phrases :

- *« Le plus dur pour moi, c'est de savoir que je peux réellement créer des trucs intéressants, mais de n'avoir aucune expérience pour le prouver à un employeur. Je pense qu'un technicien, par exemple, a moins besoin de prouver sa valeur qu'un créatif. »*

- *« Le travail libre, c'est de pouvoir laisser libre cours à son imagination, à son initiative. C'est vraiment mon rêve : avoir une liberté totale dans mon travail, n'être jugé que sur les résultats. »*

- *« Je ne comprends pas du tout mon patron. Ni sa façon de faire, ni même sa façon d'être. Comment voulez-vous que ça marche, dans ces conditions ? »*

Ces personnes sont dites :
agréables, amicales, chaleureuses compréhensives, empathiques, généreuses, idéalistes, patientes, persuasives, pleines de tact responsables et sociables.

Leurs phrases :

- *« Il est très rare que je ne m'entende pas avec quelqu'un. C'est peut-être parce que je ne cherche jamais à juger, je préfère essayer de comprendre. Ça a toujours été comme ça. »*

- *« Le problème dans un groupe, c'est que tout le monde ne t'apprécie pas forcément. Parfois, ça m'amène à manquer de confiance en moi. »*

- *« Au bureau, c'est chacun pour soi. Les seuls échanges se font sur des questions de boulot. A la longue, c'est vraiment pénible. Pour moi, une ambiance de travail agréable, c'est ce qui permet de donner le meilleur de soi-même. »*

Le pôle coopération

Les préférences des personnes à dominante coopération vont aux activités spécialisées dans l'assistance à autrui : informer et communiquer, enseigner ou former, développer, guérir, animer. En effet, ces personnes se préoccupent du sort des autres et sont très humaines. En cas de conflit dans un groupe, elles préfèrent régler les problèmes par la discussion et privilégient, de manière générale, l'amélioration des rapports entre individus. Elles ont une forte tendance à voir le meilleur chez les autres et sont très attentives à ce que l'on pense d'elles. Elles ont souvent un grand besoin de se sentir « acceptées » et elles ont tendance à se décourager si elles se sentent rejetées.

A l'inverse des personnes à dominante technicité, par exemple, elles détestent les activités à caractère systématique et ordonnées comportant l'utilisation de matériaux, d'outils, de machines ou d'objets. De même, elles se sentent peu attirées par les discussions d'ordre intellectuel ou théorique et elles aiment l'action concrète et le consensus.

Le pôle action

Les personnes à dominante action sont particulièrement douées pour entraîner les autres dans leur sillage. Elles s'expriment avec aisance et aiment utiliser cette facilité d'expression pour vendre (y compris leurs propres idées), dominer et influencer. Elles ont des dons certains pour le *leadership* et la direction d'équipe et elles éprouvent beaucoup de satisfaction à convaincre les autres. Elles-mêmes se voient populaires, bien qu'un peu agressives et autoritaires.

Les personnes à dominante action stimulent les autres par leur énergie et leur capacité à prendre des risques et des décisions rapides sans tergiversation. Elles sont particulièrement douées pour la direction d'équipe, car elles savent déléguer et contrôler les résultats attendus. Elles sont motivées par la compétition et le *challenge* et sont sensibles à la reconnaissance, au prestige, au statut social et aux avantages matériels. Elles aiment ainsi gagner des récompenses et ne sont, par exemple, pas opposées à un salaire calculé au rendement.

Les personnes à dominante action ont souvent une aversion pour les activités intellectuelles ou systématiques. De même, la précision dans le travail les ennuie rapidement ainsi que, de manière générale, les activités d'observation.

Ces personnes sont dites : aventurières, ambitieuses, dominatrices, énergiques, enthousiastes, extraverties, optimistes, pleines de ressources et sociables.

Leurs phrases :

- *« Pour moi, le travail, c'est la compétition et le montant du salaire a une grande importance. »*
- *« Ma plus grande crainte, c'est de rester coincé dans un poste, de ne plus avoir de perspective d'évolution. Moi, j'ai envie d'aller très loin. Pour cela, je travaille deux fois plus et je n'hésiterai pas, si nécessaire, à changer d'entreprise. »*
- *« En BTS force de vente, j'ai eu la chance de faire un stage dans le groupe Accor. C'est là que j'ai découvert ma vraie vocation : convaincre les moins convaincus que c'est tel produit qu'il leur faut et pas tel autre. »*

Ces personnes sont dites : conformistes, consciencieuses, dogmatiques, efficaces, inflexibles, ordonnées, organisées, prudentes et dotées d'un esprit pratique.

Leurs phrases :

- *« Une fois embauchée par mon entreprise, je me suis vite aperçue que tout ce qu'on nous avait appris sur les bancs de l'école n'était pas vraiment la meilleure façon de faire. Il y a un fossé important entre la théorie et la pratique. »*

- *« Au départ, j'étais plutôt perdu, je ne comprenais pas du tout comment fonctionnaient les choses et ce que l'on attendait de moi. Je ne saisissais pas toutes les règles. Maintenant, ça va mieux et je me suis adapté. »*

- *« Moi, ce que je n'aime pas dans le travail que je fais, c'est que nous avons un chef qui ne sait pas toujours ce qu'il veut. Un jour, c'est comme ça et le lendemain, c'est autrement. A la longue, c'est vraiment usant et ça ne permet pas toujours d'être efficace dans son travail. »*

Le pôle méthode

Les personnes à dominante méthode aiment les environnements de travail et de formation bien structurés. Elles détestent les situations ambiguës et aiment par-dessus tout savoir ce que l'on attend d'elles. Elles acceptent l'autorité et sont parfaitement à l'aise dans des structures de type administratif. C'est pourquoi elles se comportent très bien dans les grandes entreprises et organisations (compagnies d'assurance, banques, fonction publique, etc.). Elles ne recherchent pas le pouvoir et ont horreur de prendre des risques inutiles.

Les personnes à dominante méthode sont bien sûr des adeptes de la tradition et elles recherchent en permanence la meilleure façon de faire les choses. Lorsqu'elles la trouvent, elles ont tendance à ne plus en changer. C'est pourquoi elles sont le plus souvent considérées comme des personnes stables et fiables dans une entreprise.

L'association des pôles entre eux

Nous avons bien sûr tous plusieurs pôles dans notre profil. La question est de savoir si cette association est cohérente, car à l'intérieur des six grands pôles, il y a des relations possibles ou, au contraire, des oppositions fortes. Les six profils peuvent être représentés sous une forme hexagonale qui permet de voir en un seul coup d'œil les proximités et les oppositions entre les pôles.

Plus le profil TRICAM d'une personne s'établit sur des pôles de compétences proches les uns des autres et plus il est dit « cohérent », car les pôles se renforcent alors les uns les autres. Ainsi, le pôle technicité a des points communs avec, sur sa droite, le pôle réflexion et, sur sa gauche, le pôle méthode. Les personnes qui sont techniques ou réfléchies sont généralement très indépendantes, tandis que celles qui sont à la fois techniques et méthodiques aiment aller jusqu'au bout d'un travail.

Nous vous proposons de lire maintenant la description de votre couple de pôles.

L'hexagone des pôles

Suivant l'ordre d'arrivée d'une personne donnée sur chacun des pôles, on peut en déduire des renforcements ou, au contraire, certaines contradictions ou tensions. Le principe est assez simple : les pôles opposés sur l'hexagone sont également opposés dans la réalité. Ainsi, méthode et imagination ne font pas très bon ménage, pas plus que réflexion et action (« Réfléchir avant d'agir » ou « Agir sans réfléchir », comme le rappelle la sagesse populaire) et la technicité s'oppose souvent à la coopération, comme nous l'avons vu avec l'exemple sur les garagistes. Ainsi, une personne ou un environnement de travail que l'on peut définir à travers la composition de plusieurs pôles proches les uns des autres seront dits « cohérents », c'est-à-dire que les pôles se renforceront les uns les autres pour permettre une définition assez stable. A l'inverse, si le profil est le résultat de la composition de pôles plus éclatés, la définition sera moins facile à établir, même si chaque profil existe dans la nature et que les oppositions sont aussi une richesse.

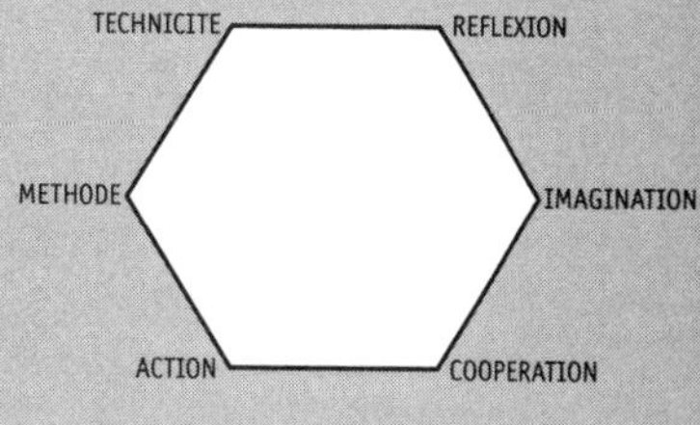

Niveau de cohérence	Couples de pôles
Haut (pôles proches)	Technicité/Réflexion Technicité/Méthode Réflexion/Imagination Réflexion/Technicité Imagination/Coopération Imagination/Réflexion Coopération/Imagination Coopération/Action Action/Coopération Action/Méthode Méthode/Action Méthode/Technicité
Moyen	Technicité/Imagination Technicité/Action Réflexion/Coopération Réflexion/Méthode Imagination/Technicité Imagination/Action Coopération/Réflexion Coopération/Méthode Action/Imagination Action/Technicité Méthode/Coopération Méthode/Réflexion
Bas (pôles opposés)	Technicité/Coopération Réflexion/Action Imagination/Méthode Coopération/Technicité Action/Réflexion Méthode/Imagination

Technicité et...

Technicité et Réflexion

Ces personnes ont une nette attirance pour les problèmes concrets et cherchent des résultats tangibles dans leur travail. Elles préfèrent les objectifs pratiques à ceux qui sont fixés sur le long terme et elles sont moyennement intéressées par le travail en équipe. Elles apprennent plus facilement en accumulant les expériences que dans le cadre de formations plus académiques. Ce sont des personnes très indépendantes et très appréciées dans les tâches consistant à manier des objets ou des machines.

Technicité et Imagination

Ces personnes peuvent exercer, généralement en solitaire, des activités assez rares, par exemple, l'artisanat d'art, la réalisation de prothèses, ou encore la restauration d'œuvres d'art. Elles peuvent également se révéler douées pour la conception ou le design de produits industriels, ou encore pour la réalisation de modèles et maquettes. Enfin, si elles sont entreprenantes, elles peuvent gérer un magasin de bricolage ou de jouets.

Technicité et Coopération

Plusieurs études ont montré que ces personnes sont beaucoup plus représentées chez les femmes que chez les hommes. Ce sont des personnes qui ont généralement besoin de créer leur propre « niche » au sein d'une entreprise ou d'une organisation et qui préfèrent communiquer en montrant plus qu'en parlant. Coach de sportifs, technicien médical, ou encore professeur d'EPS (éducation physique et sportive) sont les professions où on les rencontre le plus.

Technicité et Action

Ce sont des personnes orientées vers l'action concrète. Elles peuvent diriger des équipes, mais leurs préférences vont vers des groupes de gens exerçant des tâches manuelles. Elles aiment définir des objectifs simples et s'y tenir avec le minimum de réunions ou de discussions intermédiaires. Elles préfèrent d'ailleurs travailler seules en s'installant, par exemple, à leur compte pour gérer un magasin, un garage ou une entreprise de réparation.

Technicité et Méthode

Ce sont des personnes particulièrement stables et à l'esprit pratique. Elles ont besoin d'avoir des objectifs clairs et bien définis et d'un minimum de discussion et d'interaction avec les autres. Elles aiment planifier leur journée de travail avec le moins d'imprévus et d'interruptions. Les « petits nouveaux » ont besoin de faire leurs preuves avant de pouvoir être acceptés par ce type de personnalité qui adore consacrer son temps libre à des activités de plein air.

Réflexion et...

Réflexion et Imagination

Ce sont des personnes vite mal à l'aise dans des environnements trop conformistes. En effet, elles sont très créatives et ont besoin d'une certaine marge de manœuvre pour évoluer. Même si elles peuvent facilement se trouver intimidées face à des personnes au caractère plus agressif, elles ont besoin d'elles pour arriver à vendre leurs idées. Bien comprises, elles peuvent faire le bonheur d'un service publicité, communication ou marketing et, de manière générale, de toute entreprise ayant besoin d'établir des stratégies à long terme.

Réflexion et Coopération

Ce sont des personnes optimistes et positives, plus intéressées par les comportements humains que par les théories ou les idées. Elles recherchent le meilleur pour tous et n'aiment guère la compétition. Elles sont particulièrement appréciées dans des environnements liés au développement des nouvelles technologies ou aux activités de conseil (services aux entreprises, formation, etc.).

Réflexion et Action

Assez rares, ces personnes allient la réflexion et l'action. Elles sont très appréciées dans les domaines de la recherche appliquée, du marketing, ou encore du développement de nouveaux produits et services. Elles sont plus à l'aise dans des environnements ni trop grands ni trop structurés.

Réflexion et Méthode

Ce sont des personnes qui ont particulièrement besoin de se voir reconnues dans leur domaine de spécialité. Elles sont très douées pour les prévisions et les études statistiques et sont donc très appréciées dans les domaines de l'assurance, du calcul de risque (bourse, commerce international, services financiers, etc.), de la banque et, de manière générale, de la finance. Mais elles font aussi, par exemple, d'excellents *yield managers*, ces spécialistes de la gestion des stocks et des flux dans le secteur du tourisme ou du transport (hôtellerie, transport aérien, etc.). Enfin, ce sont des personnes qui préfèrent se focaliser sur une tâche ou un projet précis.

Réflexion et Technicité

Ce sont des personnes qui aiment travailler dans le développement de nouveaux produits. Elles ont un grand respect pour toutes les formes d'enseignement et aiment être au contact de spécialistes et de professionnels de leur secteur. Elles sont très appréciées dans les cabinets d'ingénierie industrielle, dans la recherche appliquée, dans la conception et le design industriel, ou encore dans le secteur médical (radiologie, kinésithérapie, etc.).

Imagination et...

Imagination et Coopération

Plus représentées chez les femmes que chez les hommes, ces personnes aiment se servir de leurs intuitions et de leurs émotions pour aider les autres. Elles sont peu motivées par l'argent et regardent souvent d'un œil soupçonneux les activités à caractère commercial. Elles peuvent travailler dans des secteurs comme l'édition, l'humanitaire ou dans des professions liées à la psychologie ou à l'aide sociale aux plus défavorisés. Proches de la dominante réflexion, elles font également de très bonnes journalistes.

Imagination et Action

Ce sont des personnes expressives et indépendantes, qui aiment les environnements où l'on peut agir sans trop de contraintes financières ni de délais. Elles préfèrent d'ailleurs travailler seules et recherchent plus la performance individuelle que le travail d'équipe.

Imagination et Méthode

Ce sont des personnes plutôt rares (moins de 0,1 % de la population, d'après des études américaines), les deux dominantes étant plutôt antinomiques. Par contre, il est fréquent de trouver cette association en sous-dominante. Par exemple, une personne à dominante coopération forte et qui arrive à égalité sur les deux pôles imagination et méthode. Ce sont alors des personnes qui savent utiliser leur imagination pour mettre au point, par exemple, des méthodes de travail plus efficaces.

Imagination et Technicité

Ce sont des personnes qui aiment créer de leurs mains et, de manière générale, qui préfèrent les activités créatives en rapport avec les objets, les outils, les animaux. Elles préfèrent généralement travailler en *freelance* et elles ont des difficultés à travailler en équipe. Elles sont particulièrement appréciées dans le secteur de l'artisanat d'art ou les arts appliqués : poterie, gravure sur verre, lithographie et estampes, etc.

Imagination et Réflexion

Plus représentées chez les femmes que chez les hommes, ces personnes sont doublement créatives. A l'imagination, elles allient l'intellectualisme et font de bons critiques d'art ou de bons artistes « conceptuels ». Elles sont également appréciées dans le design de produits de luxe ou technologiques, ainsi que dans la presse et l'édition.

Coopération et...

Coopération et Action

Ce sont des personnes qui aiment *manager* une équipe ou diriger leur propre entreprise. Elles sont particulièrement à l'aise dans les relations humaines et savent tout à la fois se « vendre » elles-mêmes et vendre les services ou produits d'une entreprise. Elles sont très appréciées dans les organisations humanitaires, ou encore dans le tourisme et les loisirs, car elles aiment aider les autres en leur indiquant les voies à suivre ou en leur proposant des activités qui leur correspondent. Elles ne sont pas très portées sur les situations de compétition ou de conflit.

Coopération et Méthode

Ce sont des personnes qui aiment le travail d'équipe lorsque les objectifs sont clairement définis. C'est certainement pourquoi elles préfèrent les grandes entreprises ou organisations aux petites structures. Elles sont très appréciées dans le domaine de la communication interne, de la formation aux techniques administratives, ou encore dans les agences bancaires. Elles adorent travailler avec ou pour autrui et se voir confier des tâches qui demandent de la précision et des règles du jeu claires et précises. Elles sont donc également recherchées dans les organismes sociaux et dans tout le domaine parajudiciaire (administration pénitentiaire, application des peines, contrôle judiciaire, police, etc.). Avec une dominante technicité dans leur profil, elles font d'excellents vendeurs de produits techniques, notamment pour les entreprises, ou encore de très bons deviseurs (chargés d'établir l'estimation du prix d'un travail) dans le bâtiment, le transport routier, ou encore l'industrie graphique et l'imprimerie.

Coopération et Technicité

Ce sont des personnes qui préfèrent travailler dans le domaine de l'organisation ou dans les activités sportives. Elles aiment particulièrement aider ou former les autres, par exemple. Elles sont particulièrement appréciées pour encadrer des équipes d'ouvriers dans l'industrie ou des groupes de jeunes dans le cadre des loisirs. Elles font, par exemple, d'excellents responsables de centres de loisirs (scoutisme, colonies de vacances, camps d'ados, etc.).

Coopération et Réflexion

Ce sont des personnes qui sont plus intéressées par le comportement des gens que par les idées et les théories. C'est pourquoi elles préfèrent la discussion en petit groupe que les grandes réunions pour trouver des solutions aux problèmes. Ce sont généralement des personnes positives et optimistes qui veulent le meilleur pour chacun. Elles sont particulièrement appréciées dans le domaine de la sociologie, du *consulting* en ressources humaines, ou encore dans l'enseignement ou l'aide au développement personnel.

Coopération et Imagination

Plus représentées chez les femmes que chez les hommes, ces personnes aiment utiliser leurs intuitions et leurs émotions pour apporter de l'aide aux autres. Elles sont peu motivées par l'argent et regardent souvent d'un œil soupçonneux les activités à caractère commercial. Elles souhaitent que le monde change et aiment réunir des groupes de gens pour faire avancer leurs idées. Elles peuvent travailler dans des secteurs comme l'édition, l'humanitaire, dans des professions liées à la psychologie, l'aide sociale aux plus défavorisés ou le conseil aux personnes (recherche d'emploi, problèmes de couple, relations parents-enfants, etc.). Proches de la dominante réflexion, elles font également de très bons journalistes.

Action et...

Action et Méthode

Ce sont des personnes qui aiment les résultats tangibles et mesurables et qui sont orientées vers l'action. Elles sont généralement très douées pour tout ce qui concerne la gestion financière, car elles aiment jongler avec les chiffres. Elles ont néanmoins parfois du mal à comprendre les gens avec lesquels elles travaillent. Elles aiment prendre des décisions, conquérir le pouvoir, et sont généralement très appréciées dans le commerce, le marketing ou la direction d'équipe. Elles aiment particulièrement la compétition, bien qu'elles sachent parfaitement se faire des relations et les cultiver.

Action et Technicité

Ce sont des personnes orientées vers l'action concrète. Elles peuvent diriger des équipes, mais leurs préférences vont vers des groupes de gens exerçant des tâches manuelles. Elles aiment définir des objectifs simples et s'y tenir avec le minimum de réunions ou de discussions intermédiaires. Elles préfèrent d'ailleurs travailler seules en s'installant, par exemple, à leur compte pour gérer un magasin, un garage ou une entreprise de réparation, ou encore de bâtiment et travaux publics.

Action et Réflexion

Assez rares, ces personnes allient la réflexion à l'action. Elles sont très appréciées dans les domaines de la recherche appliquée, du marketing, ou encore du développement de nouveaux produits et services. Elles sont plus à l'aise dans les environnements de taille modeste, aux structures réduites.

Action et Imagination

Ce sont des personnes plus représentées chez les hommes que chez les femmes. Elles sont expressives et indépendantes et aiment les environnements où l'on peut agir sans trop de contraintes financières ni de délais. Elles préfèrent d'ailleurs travailler seules et recherchent plus la performance individuelle que le travail d'équipe. Elles aiment vendre des produits artistiques et sont appréciées, par exemple, dans la vente d'espaces publicitaires dans la presse écrite ou audiovisuelle. Elles peuvent également se révéler particulièrement efficaces comme agents d'artiste (parce que très complémentaires), ou encore dans la production artistique, dans les relations publiques, la publicité ou la photographie.

Action et Coopération

Egalement plus représentées dans la population masculine que féminine, ce sont des personnes qui aiment *manager* une équipe ou diriger leur propre entreprise. Elles sont particulièrement à l'aise dans les relations humaines et savent à la fois se « vendre » elles-mêmes et vendre les services ou produits d'une entreprise. Elles sont appréciées dans les organisations sociales et humanitaires, notamment lorsque celles-ci doivent trouver leurs propres ressources auprès du public, ou encore dans le tourisme et les loisirs, car elles aiment aider les autres en leur indiquant les voies à suivre ou en leur proposant des activités qui leur correspondent. Elles peuvent d'ailleurs être très directives.

Méthode et...

Méthode et Technicité

Ce sont des personnes particulièrement stables et à l'esprit pratique. Elles ont besoin d'avoir des objectifs clairs et bien définis et d'un minimum de discussion et d'interaction avec les autres. Elles aiment planifier leur journée de travail avec le moins d'imprévus et d'interruptions possibles. Les « petits nouveaux » ont besoin de faire leurs preuves avant de pouvoir être acceptés par ce type de personnalité qui préfère d'ailleurs travailler seule comme, par exemple, dans des tâches de contrôle administratif. Ces personnes sont d'excellentes collaboratrices d'entreprises de bâtiment, de transport routier, d'imprimerie ou d'entreprises artisanales (de préférence dans l'administration).

Méthode et Réflexion

Ce sont des personnes qui ont particulièrement besoin d'être reconnues dans leur domaine de spécialité. Elles sont très douées pour les prévisions et les études statistiques et sont donc très appréciées dans les domaines de l'assurance, du calcul de risque (bourse, commerce international, services financiers, etc.), de la banque et, de manière générale, de la finance. Enfin, ce sont des personnes qui préfèrent se focaliser sur une tâche ou un objectif précis.

Méthode et Imagination

Ce sont des personnes que l'on rencontre plutôt rarement (moins de 0,1 % de la population d'après des études américaines), les deux dominantes étant plutôt antinomiques. En revanche, il est fréquent de trouver cette association en sous-dominante. Par exemple, une personne à dominante coopération forte et qui arrive à égalité sur les deux pôles imagination et méthode. Ce sont alors des personnes qui savent utiliser leur imagination pour mettre au point, par exemple, des méthodes de travail plus efficaces. Elles sont appréciées dans le domaine de la conservation des œuvres d'art et font, dit-on, d'excellents *media planners* (acheteurs d'espaces publicitaires pour le compte d'agences de publicité ou pour des entreprises annonceuses).

Méthode et Coopération

Ce sont des personnes qui aiment le travail d'équipe lorsque les objectifs sont clairement définis. Elles préfèrent donc les grandes entreprises ou organisations aux petites structures. Elles sont très appréciées dans le domaine de la communication interne, de la formation aux techniques administratives, ou encore dans les agences bancaires. Elles adorent travailler avec ou pour autrui et se voir confier des tâches qui demandent de la précision et des règles du jeu claires et précises. Elles sont donc également recherchées dans les organismes sociaux et dans tout le domaine parajudiciaire (administration pénitentiaire, application des peines, contrôle judiciaire, police, etc.). Avec une dominante technicité dans leur profil, elles font d'excellents vendeurs de produits techniques, notamment pour les entreprises, ou encore de très bons deviseurs (chargés d'établir l'estimation du prix d'un travail) dans le bâtiment, le transport routier, ou encore l'industrie graphique et l'imprimerie. Elles peuvent, enfin, faire de très bons chargés de clientèle, dans la grande distribution par exemple.

Méthode et Action

Ce sont des personnes qui aiment les résultats tangibles et mesurables et qui sont orientées vers l'action. Elles sont généralement très douées pour tout ce qui concerne la gestion financière, car elles aiment jongler avec les chiffres. Elles font généralement d'excellents « seconds » pour un chef d'entreprise, car elles sont respectueuses de la hiérarchie, tout en aimant le pouvoir, et savent être diplomates lorsque cela est nécessaire.

ATELIER : AFFICHEZ VOS RÉSULTATS

Mieux qu'un *Pif gadget* (pour ceux qui n'ont pas connu, il s'agit d'un journal de bande dessinée pour les 12-15 ans qui, dans les années 80, proposait un nouveau gadget à chacune de ses parutions), voici le « *TRICAM circle* ». Il va vous aider, vous et votre enfant, à garder en tête son profil TRICAM et à y revenir pour valider chaque idée de métier.
Il vous suffit pour cela d'une paire de ciseaux, d'un bâton de colle et, si vous le souhaitez, d'un support cartonné.
Une fois découpées et collées les six « parts de camembert » que vous trouverez dans les pages suivantes, servez-vous des échelles de niveau (en gris au milieu de chaque pôle de talent) pour reporter vos résultats, comme dans l'exemple ci-dessous. A l'aide d'un crayon de papier, vous pourrez ensuite ombrer la surface intérieure que vous aurez délimitée (voir l'exemple).

Dans notre exemple, François, 18 ans, a obtenu les scores suivants :

- T : 2
- R : 21
- I : 21
- C : 20
- A : 7
- M : 2

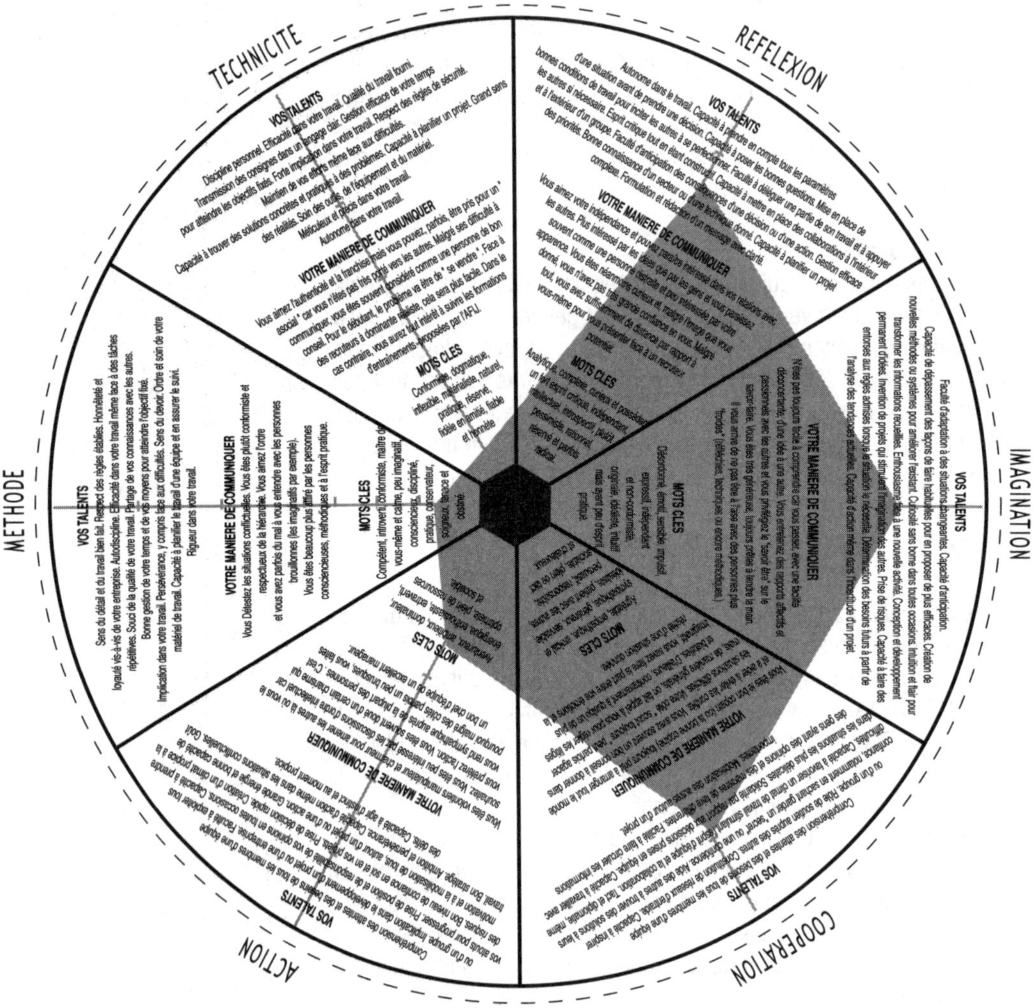

TECHNICITE

VOS TALENTS

Discipline personnel. Efficacité dans votre travail. Qualité du travail fourni.
Transmission des consignes dans un langage clair. Gestion efficace de votre temps pour atteindre les objectifs fixés. Forte implication dans votre travail. Respect des règles de sécurité.
Maintien de vos efforts même face aux difficultés.
Capacité à trouver des solutions concrètes et pratiques à des problèmes. Capacité à planifier un projet. Grand sens des réalités. Soin des outils, de l'équipement et du matériel.
Méticuleux et précis dans votre travail.
Autonome dans votre travail.

VOTRE MANIERE DE COMMUNIQUER

Vous aimez l'authenticité et la franchise mais vous pouvez, parfois, être pris pour un " asocial " car vous n'êtes pas très porté vers les autres. Malgré ses difficulté à communiquer, vous êtes souvent considéré comme une personne de bon conseil. Pour le débutant, le problème va être de " se vendre ". Face à des recruteurs à dominante réaliste, cela sera plus facile. Dans le cas contraire, vous aurez tout intérêt à suivre les formations d'entraînements proposées par l'AFIJ.

MOTS CLES

Conformiste, dogmatique, inflexible, matérialiste, naturel, pratique, réservé, fidèle en amitié, fiable et honnète

REFELEXION

VOS TALENTS

Autonome dans le travail. Capacité à prendre en compte tous les paramètres d'une situation avant de prendre une décision. Capacité à poser les bonnes questions. Mise en place de bonnes conditions de travail pour inciter les autres à se perfectionner. Faculté à déléguer une partie de son travail et à appuyer les autres si nécessaire. Esprit critique tout en étant constructif. Capacité à mettre en place des collaborations à l'intérieur et à l'extérieur d'un groupe. Faculté d'anticipation des conséquences d'une décision ou d'une action. Gestion efficace des priorités. Bonne connaissance d'un secteur ou d'une technique donné. Capacité à planifier un projet complexe. Formulation et rédaction d'un message avec clarté.

VOTRE MANIERE DE COMMUNIQUER

Vous aimez votre indépendance et pouvez paraître intéressé dans vos relations avec les autres. Plus intéressé par les idées que par les gens et vous paraissez souvent comme une personne distraite et peu intéressée par votre apparence. Vous êtes néanmoins curieux et, malgré l'image que vous donné, vous n'avez pas très grande confiance en vous. Malgré tout, vous avez suffisamment de distance par rapport à vous-même pour vous présenter face à un recruteur potentiel.

MOTS CLES

Analytique, complexe, curieux et possédant un fort esprit critique, indépendant, intellectuel, introspectif, plutôt pessimiste, rationnel, réservé et parfois radical.

IMAGINATION

VOS TALENTS

Faculté d'adaptation à des situations changeantes. Capacité d'anticipation. Capacité de dépassement des façons de faire habituelles pour en proposer de plus efficaces. Création de nouvelles méthodes ou systèmes pour améliorer l'existant. Curiosité sans borne dans toutes occasions. Intuition et flair pour transformer les informations recueillies. Enthousiasme face à une nouvelle activité. Conception et développement permanent d'idées. Invention de projets qui stimulent l'imagination des autres. Prise de risques. Capacité à faire des entorses aux règles admises lorsque la situation le nécessite. Détermination des besoins futurs à partir de l'analyse des tendances actuelles. Capacité d'action même dans l'incertitude d'un projet.

VOTRE MANIERE DE COMMUNIQUER

N'êtes pas toujours facile à comprendre car vous passer, avec une facilité déconcertante, d'une idée à une autre. Vous entretenez des rapports affectifs et passionnels avec les autres et vous privilégiez le "savoir être" sur le savoir-faire. Vous êtes très généreuse, toujours prêtes à tendre la main. Il vous arrive de ne pas être à l'aise avec des personnes plus "froides" (réfléchies, techniques ou encore méthodiques.)

MOTS CLES

Désordonné, émotif, sensible, impulsif, expressif, indépendant et non-conformiste, originale, idéaliste, intuitif mais ayant peu d'esprit pratique.

COOPERATION

VOS TALENTS

Compréhension des attentes et des besoins de tous les membres d'une équipe ou d'un groupe. Rôle de soutien auprès des autres. Constitution de réseaux d'entraide. Capacité à inspirer confiance, notamment en sachant garder un "secret" ou une confidence. Aide des autres à trouver des solutions à leurs difficultés. Capacité à favoriser un climat de travail stimulant l'esprit d'équipe et la collaboration. Tact et diplomatie, même dans les situations les plus délicates. Solidarité par rapport aux décisions prises en équipe. Capacité à travailler avec des gens ayant des opinions et des manières de faire différentes. Facilité à faire circuler les informations importantes. Mobilisation des autres autour d'un projet.

VOTRE MANIERE DE COMMUNIQUER

Vous êtes le bon copain (ou la bonne copine) toujours prêt à arranger tout le monde et à aider à éviter les conflits. Vous avez souvent un bon conseil à donner dans les situations difficiles. Votre côté " scout toujours " peut parfois agacer mais, de manière générale, on fait appel à vous pour régler les litiges et bisbilles. D'ailleurs, contrairement à quelqu'un de plus imaginatif, vous savez faire la part entre vos émotions et la réalité d'une situation donnée.

MOTS CLES

Agréable, empathique, amical et sympathique, généreux, serviable, idéaliste, patient avec les autres, persuasif, responsable, sociable, plein de tact et chaleureux.

ACTION

VOS TALENTS

Compréhension des attentes et des besoins de tous les membres d'une équipe ou d'un groupe. Implication dans le développement d'un projet ou d'une entreprise. Faculté à exploiter tous vos atouts pour progresser. Prise de position et de responsabilité de vos opinions en toutes occasions. Capacité à prendre des risques. Bon niveau de confiance en soi et en vos projets. Prise de décision rapide. Création d'un climat propice à la motivation et à la mobilisation de tous, autour d'un projet ou d'une action. Grande énergie et bonne capacité de travail. Bon stratège. Ambition et persévérance. Capacité d'action même dans les situations conflictuelles. Goût des défis. Capacité à agir d'instinct et au moment propice.

VOTRE MANIERE DE COMMUNIQUER

Vous êtes volontiers manipulateur et charmeur pour amener les autres là où vous le souhaitez. Vous êtes peu intéressé par les discussions d'ordre intellectuel car vous préférez l'action. Vous êtes souvent doué d'un certain charisme qui vous rend sympathique auprès de la plupart des personnes . C'est pourquoi malgré des côtés parfois un peu brusques, vous faites un bon chef d'équipe ou un excellent manageur.

MOTS CLES

Aventureux, ambitieux, dominateur, énergique, enthousiaste, extraverti, optimiste, plein de ressources et sociable.

METHODE

VOS TALENTS

Sens du détail et du travail bien fait. Respect des règles établies. Honnêteté et loyauté vis-à-vis de votre entreprise. Autodiscipline. Efficacité dans votre travail même face à des tâches répétitives. Souci de la qualité de votre travail. Partage de vos connaissances avec les autres. Bonne gestion de votre temps et de vos moyens pour atteindre l'objectif fixé. Implication dans votre travail. Persévérance, y compris face aux difficultés. Sens du devoir. Ordre et soin de votre matériel de travail. Capacité à planifier le travail d'une équipe et en assurer le suivi. Rigueur dans votre travail.

VOTRE MANIERE DE COMMUNIQUER

Vous Détestez les situations conflictuelles. Vous êtes plutôt conformiste et respectueux de la hiérarchie. Vous aimez l'ordre et vous avez parfois du mal à vous entendre avec les personnes brouillonnes (les imaginatifs par exemple). Vous êtes beaucoup plus attiré par les personnes consciencieuses, méthodiques et à l'esprit pratique.

MOTS CLES

Compétent, introverti, conformiste, maître de vous-même et calme, peu imaginatif, consciencieux, discipliné, pratique, conservateur, soigneux, tenace et obstiné.

ATELIER : EXEMPLES DE PROFILS COMMENTÉS

Voici vingt exemples de conseils réalisés à partir du profil TRICAM de personnes suivies par l'équipe des conseillers orientation/formation/carrière de la Maison de l'orientation et du service Internet : www.assistance-orientation.com. Vous prendrez connaissance des questions qu'elles se posent et l'analyse proposée par les conseillers.

A travers ces vingt profils, vous trouverez certainement de nombreuses informations qui vous aideront à mieux comprendre encore la manière d'utiliser la méthode avec votre enfant. Vous pourrez ainsi observer de près comment se conjuguent entre eux les différents pôles d'intérêts.

J'ai sélectionné des profils de jeunes lycéens ou étudiants, mais aussi de jeunes adultes. Cela vous permettra de découvrir une chose assez surprenante à première vue : jusque dans nos erreurs et dans ce que nous considérons souvent comme des échecs d'orientation, nous avons le plus souvent une idée assez juste de ce que nous voulons et ne voulons pas faire. Plusieurs des profils présentés ici montrent des personnes qui ont fait un premier choix, avant de bifurquer vers quelque chose qui leur apparaissait comme totalement différent de ce premier choix. Il n'en est souvent rien. Le premier choix était en fait presque le bon. Il s'en est fallu le plus souvent de presque rien.

Nous avons tous une vocation

Ces vingt profils montrent aussi bien comment chacun se sent tenu de préciser, presque à chaque fois, si l'emploi ou la formation perdus, souhaités ou obtenus correspondent, ou non, à son souhait « vocationnel ». On doit occuper tel emploi que l'on déteste, on n'a pas pu décrocher telle formation ou tel emploi que l'on souhaitait, etc. Nous avons en quelque sorte tous besoin de redéfinir périodiquement nos choix professionnels. Si ces orientations ne sont pas définies, c'est le désarroi.

Ces deux grandes observations sont, en fin de compte, assez rassurantes. En effet, elles montrent que, quoi qu'il se passe, nous avons comme une boussole interne qui nous pousse à agir, à nous repositionner sur le bon chemin. Elles montrent aussi qu'avoir une idée la plus claire possible de ses propres centres d'intérêt aide à ne pas trop se perdre, comme nous l'avons déjà souligné. C'est d'ailleurs d'autant plus vrai qu'aujourd'hui, il n'y a plus d'âge pour se poser des questions d'orientation.

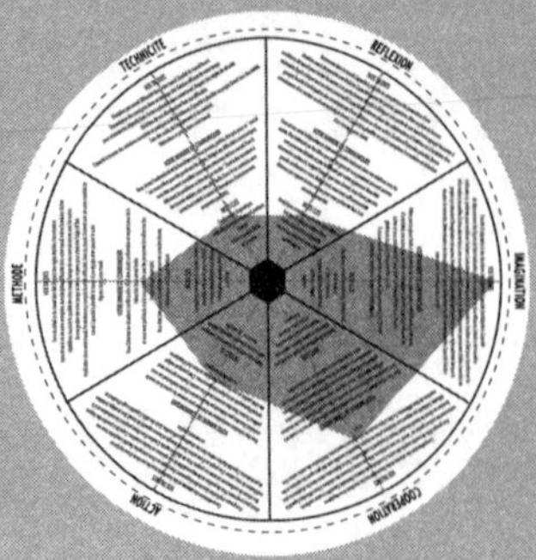

Profil n° 1 : Nathalie, 29 ans, réceptionniste dans l'hôtellerie

Sa question

« J'ai 29 ans, je travaille dans l'hôtellerie (réception) depuis sept ans maintenant. J'ai eu un BTS action commerciale (qui ne m'a pas beaucoup servi en matière de formation, l'école n'était pas ce qu'il y avait de mieux, j'ai plus appris en travaillant en alternance), puis un Deug LLCE italien (langues, littératures et civilisations étrangères). Je parle italien et anglais, et j'ai des notions d'espagnol (je l'ai appris pratiquement toute seule).

Actuellement, je fais une formation professionnelle en gestion hôtelière. Je suis fort contente, car les cours sont en grande partie très intéressants, mais je n'arrive pas à définir où faire mon stage, car tout est intéressant et je ne sais pas du tout vers quelle partie m'orienter.

Le côté commercial, promotion et création d'événements, me plaît assez, qu'en pensez-vous ? Le côté chiffres et calcul est sympa aussi, mais je ne sais pas s'il me correspond vraiment. Pour mon travail, je veux en apprendre les ficelles (comptabilité, gestion des ratios, mais ce n'est pas ce qui prime, en cours j'ai beaucoup aimé les cours de marketing et négociation commerciale).
En fait, je suis quelque peu perdue ! Votre test a très bien cerné ma personnalité, mais que dois-je faire ? Merci de bien vouloir m'aider. »

Analyse du conseiller

Comme grande imaginative mais aussi coopérative, vous devez tâcher de trouver un stage dans un endroit où vous pourrez apporter vos propres idées et qui vous permette de rencontrer des gens intéressants.

Compte tenu de votre profil, l'organisation, la promotion et la réalisation d'événements est une bonne idée. Bravo également de vous préoccuper du côté méthode et comptes. D'ailleurs, à côté de votre forte imagination, en troisième position, vous êtes méthodique (moins fortement, mais tout de même). Donc deux hypothèses :

- Si vous trouvez ce qui vous plaît, vous réussirez précisément parce que votre motivation vous amènera à prendre en compte tous les aspects. La preuve ? Vous avez déjà commencé à y réfléchir.
- Votre relatif manque d'organisation et de méthode peut également être un atout. Il doit vous inciter à réfléchir en termes de complémentarité. C'est-à-dire vous mettre en position d'être entourée ou aidée par des gens plus méthodiques que vous. D'où l'idée, peut-être, de chercher un stage dans une entreprise qui pourrait faire ce que vous avez envie de faire, mais qui n'en a pas forcément eu l'idée, faute de l'imagination et du sens du social qui vous portent. La vie, et notamment professionnelle, est un vaste champ de coopération entre différentes personnalités « vocationnelles ».

◗ Profil n° 2 : Gauthier, 33 ans, enseignant

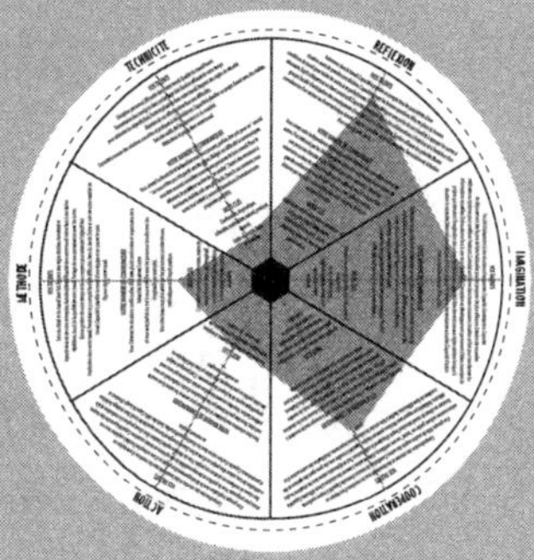

Sa question

« Je suis professeur des écoles, après avoir fait un parcours dans des études pharmaceutiques, médicales, puis historiques. J'hésite à me diriger vers des études de psychologie pour devenir psychologue scolaire ou conseiller d'orientation psychologue. Qu'en pensez-vous ? »

Analyse du conseiller

Votre profil de compétences correspond à quelqu'un de réfléchi (aimant apprendre de nouvelles choses en permanence), d'imaginatif (aimant apporter ses propres idées) et, enfin, de coopératif (aimant aider les autres). Votre dominante réflexion vous pousse « depuis le départ » vers des matières scientifiques. Vous avez ensuite un peu laissé libre cours à votre côté plus imaginatif avec l'histoire. Puis, vous avez choisi votre côté coopératif pour l'enseignement.

Tout cela est bien sûr un peu caricatural, mais correspond tout de même assez bien à votre profil de base. D'autant plus, peut-être, que vous avez un fond méthodique qui vous amène à aimer (un peu) être dirigé, guidé. En un mot, vous aimez savoir ce que l'on attend de vous.

Vos trois dominantes feraient certainement de vous un excellent psychologue, peut-être plus d'ailleurs qu'un conseiller d'orientation, qui est souvent plus social, d'abord et avant tout.

La différence entre les profils RIC et CIA, correspondant au métier de psychologue, est que dans le premier cas, nous sommes face à quelqu'un qui va plus se servir de sa curiosité et de son sens de l'investigation (recherche d'éléments vérifiables, comparaisons, etc.) et, dans le deuxième cas, face à quelqu'un qui se servira, d'abord et avant tout, de son esprit coopératif, de son empathie pour les autres, de son désir de les aider. Dans ce deuxième cas également, le côté actif (besoin de conduire les autres, d'agir) fait également une différence.
Dans les deux cas, néanmoins, l'imagination (émotion, *feeling*, intuition, créativité) sert également pour trouver une solution originale aux problèmes posés.

Même si les types d'intérêts sont prédictifs pour l'exercice de tel ou tel métier, il n'existe pas de profil unique. Tout juste peut-on dire qu'avec un profil RIC, il vous faut trouver une voie où vous pourrez exercer imagination et réflexion. Comme nous vous l'avons dit dans la précédente réponse, cela peut se faire au niveau du choix de la formation mais aussi, et peut-être surtout (ne serait-ce que parce que les formations sont faites pour des profils et des métiers différents), au moment du choix d'un environnement de travail. Cela veut tout simplement dire qu'une fois diplômé, il vous faudra rechercher un poste où vous pourrez faire valoir votre imagination et votre besoin d'apprendre en permanence.

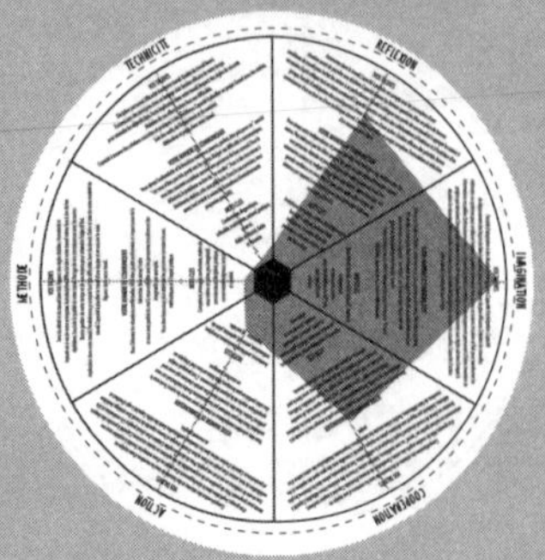

Profil n° 3 : Odile, 18 ans, niveau terminale

Sa question

« Je suis actuellement en terminale littéraire et la question de mon orientation me préoccupe sérieusement, d'autant plus que le choix "définitif" est proche !

Je n'ai pas d'idée encore arrêtée sur le sujet. J'hésite énormément, sans parvenir à trouver ma voie. Je suis passionnée d'écriture, de rencontres. J'adore discuter, dialoguer, échanger plein d'idées avec le plus de personnes possible. Je suis curieuse de tout, mais l'actualité économique me rebute. J'ai envie d'aider les autres avec dynamisme, optimisme et efficacité, entre autres. Pourriez-vous me conseiller ? Tout ce que vous pourrez me dire sera bienvenu ! »

Analyse du conseiller

Notons au passage que vous avez passé le test trois fois et, chaque fois, vous avez obtenu un résultat très proche. Chaque fois, vos deux premiers pôles de compétences sont les mêmes : imagination et réflexion. Ces deux compétences arrivent largement en tête avec des scores qui varient très peu d'une fois sur l'autre. Malgré votre jeune âge, vous semblez avoir une « personnalité vocationnelle » bien tranchée.

Vous êtes certainement quelqu'un d'émotif, ayant une énorme capacité de compréhension des autres même si, parfois, vous pouvez aussi un peu les rêver, tant votre imagination est grande. De même, une très forte compassion, surtout devant l'injustice, vous empêche parfois d'accepter les choses telles qu'elles sont, ce qui peut provoquer conflits et incompréhension avec ceux qui voient les choses de manière plus « froide ». En troisième compétence, vous « oscillez », d'un résultat à l'autre, entre la réflexion et l'action (peut-être un point sur lequel il vous faut réfléchir).

Qu'est-ce que ça signifie en termes d'orientation ? Les métiers dans lesquels vous auriez le plus de chances de réussite sont : écrivain, actrice, éditrice, psychologue, chargée de développement social (orientation, développement local, accompagnement de personnes en difficulté, etc.). Vous citez dans votre fiche le métier de conseiller d'orientation, cela peut en effet constituer une chose intéressante pour vous.
Dans tous les cas, il vous faut une formation (et plus tard une activité) où vous pourrez apporter vos propres idées, aider les autres et ce, dans une ambiance où la discussion sera possible et encouragée.

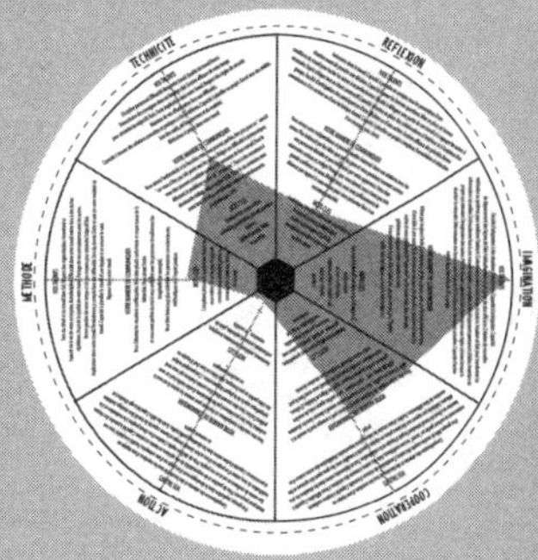

◗ Profil n° 4 : Eva, 26 ans, conseillère financière

Sa question

« Je suis actuellement conseillère financière pour les clients professionnels (artisans, commerçants, etc.) au sein d'une banque depuis août 2001. Auparavant, j'étais attachée commerciale (dans une autre banque pendant un an). J'ai obtenu une maîtrise d'économie, puis un troisième cycle en information et communication (1999). J'ai environ un an d'expérience en communication, et deux ans en commercial.

Or, à ce jour, je m'aperçois que les métiers commerciaux ne me conviennent pas. Je me suis par contre épanouie dans la communication, mais les postes en contrat à durée indéterminée sont rares. Je souhaiterais définir vers quels secteurs ou métiers je pourrais m'orienter afin de me lancer dans la recherche d'un nouvel emploi… »

Analyse du conseiller

Votre profil indique quelqu'un d'extrêmement imaginatif, intuitif, capable de vivre dans des situations pas trop définies (et, à l'inverse, détestant être commandé et se retrouver dans des ambiances hiérarchiques et définies une fois pour toutes). En deuxième lieu, vous êtes coopérative et aimez donc aider les autres.

Et la banque, dans tout cela ? Pourquoi ne pas essayer de trouver un poste en marketing ou en communication dans ce secteur ? Soit par mobilité interne, soit par candidature auprès d'autres banques. L'avantage de cette formule est de thésauriser sur ce que vous avez fait jusqu'ici, tout en redressant la barre. Peut-être devrez-vous passer par des voies peu royales au début, mais vous apprendrez le travail et pourrez progresser.

Comment vous y prendre ? Commencez peut-être par être plus consciente de ce que vous voulez surtout ne plus faire. Raisonner à l'inverse de ce que l'on vous a appris.

Dans tous les cas, évitez de candidater pour des postes ou des ambiances de travail qui nécessiteraient de votre part un trop grand sens de l'organisation et, nous nous répétons, de supporter des consignes édictées une fois pour toutes.

Enfin, pour réussir pleinement dans votre vie professionnelle, il faudra savoir vous entourer de personnes plus méthodiques et plus entreprenantes (pôle action) que vous. Cela veut dire comprendre leurs différences par rapport à vous et, bien sûr, leur complémentarité. Exemple : si vous êtes dans un service de communication, il vous faudra comprendre que telle personne, qui n'a peut-être pas énormément d'idées, est, par contre, super capable de planifier et de faire en sorte que rien ne soit oublié.

Profil n° 5 : Alexandra, 24 ans, étudiante en droit et malentendante

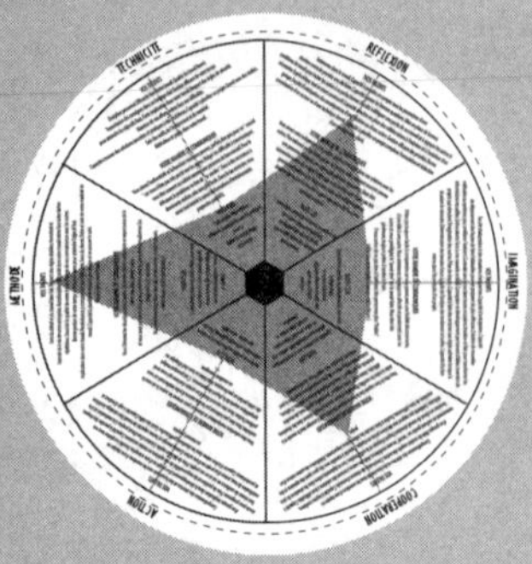

Sa question

« J'essaye de trouver ma voie, travailler dans une association et avoir une bonne base juridique pour être compétente, mais le seul problème est que je suis malentendante et je me sens bloquée par mon handicap. Que dois-je faire ? »

Analyse du conseiller

Vous apparaissez comme une personne aimant l'organisation et la gestion de dossiers, car vous êtes quelqu'un de méthodique. En deuxième lieu, vous êtes réfléchie et aimez apprendre en permanence de nouvelles choses. Enfin, votre troisième compétence est l'esprit coopératif. L'orientation vers le droit et/ou l'idée de travailler dans une association est donc plutôt un bon choix.

Comment peut-on surmonter un blocage ? La difficulté, et vous êtes mieux placée encore que nous pour le savoir, c'est que tout changement se mature et donc prend du temps ou, tout au moins, nécessite des efforts qui ne peuvent se résumer par quelques bons sentiments. Votre handicap ne vous empêche pas d'avoir des compétences et d'être reconnue pour ce que vous êtes. Mais votre blocage est aussi le fruit d'un vécu, de petites hontes, de réflexions pas forcément toujours bien comprises, d'un manque de confiance en vous…

Difficile de vous donner un conseil de l'extérieur, car c'est vraiment en vous que vous allez trouver les forces nécessaires (le simple fait d'en parler aussi naturellement que vous le faites est un très bon signe qui montre que vous êtes sûrement prête à franchir le pas).
On devient plus fort et donc plus compétent en réussissant les *challenges* que nous nous lançons à nous-mêmes. Nous nous y lançons avec d'autant plus d'espoirs de réussite que ces *challenges* nécessitent des compétences que nous avons déjà su mettre en œuvre, au moins en partie. Plus le challenge était difficile à réussir et plus la réussite nous a rendus forts et a augmenté de manière significative nos compétences. C'est un cercle vertueux où chaque étape de « développement/apprentissage » réussie entraîne de nouvelles réussites.

Profil n° 6 : Igor, 19 ans, élève de terminale

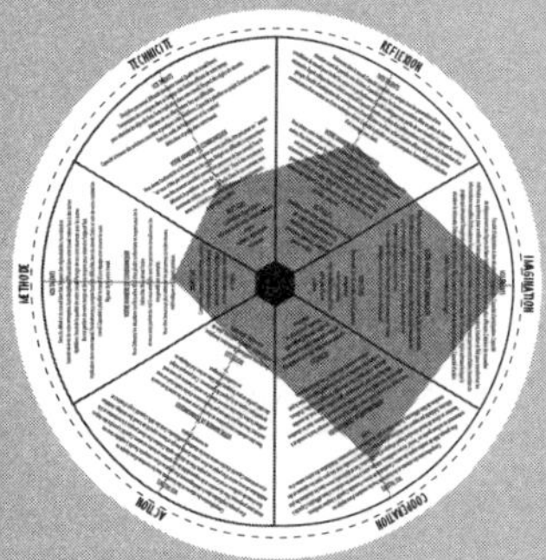

Sa question

« Je suis en terminale littéraire, mais je ne sais pas ce que je veux faire après. J'aimerais faire une formation d'assistant metteur en scène, mais les entrées dans les écoles sont très difficiles. De plus, je préférerais aller à la fac. Quelles études pour assistant metteur en scène ou assistant réalisateur ? En quoi consiste le métier d'ethnologue et quelles études ? »

Analyse du conseiller

Les résultats du test que vous avez passé sur notre site donnent de vous l'image d'une personne extrêmement imaginative, s'en remettant le plus souvent à ses intuitions profondes, aimant les environnements pas trop définis et, en tout cas, le moins hiérarchiques possible.

La mise en scène est une bonne idée, même s'il faut que vous sachiez qu'il vous faudra déployer beaucoup d'efforts pour apprendre à écouter, à exécuter (dans un premier temps) et à éviter d'être celui qui « sait déjà tout avant tout le monde » (ce qui est peut-être un de vos défauts/qualités, compte tenu de votre grande capacité d'imagination).

On peut « se diriger » vers ce métier grâce à des formations universitaires. Voici une page web qui recense la plupart des formations proposées : www.atelier-salamandre.net/atelierprepas7.html. Comme il est précisé, les études y sont plus théoriques que dans les écoles. La mise en scène, comme beaucoup d'arts, s'apprend aussi en étant sur le terrain : réalisation de petits films entre amis (avec une bête caméra numérique et/ou familiale au départ), en aidant des étudiants en cinéma dans la réalisation d'un court-métrage (même si, au début, c'est vous qui vous occuperez des sandwichs), en allant beaucoup au cinéma (ou au théâtre, car vous ne nous précisez pas, mais nos conseils valent pour les deux domaines).

Sur votre deuxième idée, l'ethnologie, voici l'adresse de la page personnelle d'un passionné, que vous pouvez d'ailleurs peut-être contacter pour aller plus loin : www.multimania.com/bedri

Attention toutefois, l'ethnologue est moins artiste que chercheur, il s'agit moins de *feeling* et de découvertes spontanées que d'un travail de réflexion et, surtout, de classement, de classification, de mise en relation de phénomènes observés. Vu de l'extérieur, ça paraît très « *fun* », mais au final, c'est un métier qui nécessite méthode et patience.

Profil n° 7 : Anna, 22 ans, étudiante en comptabilité

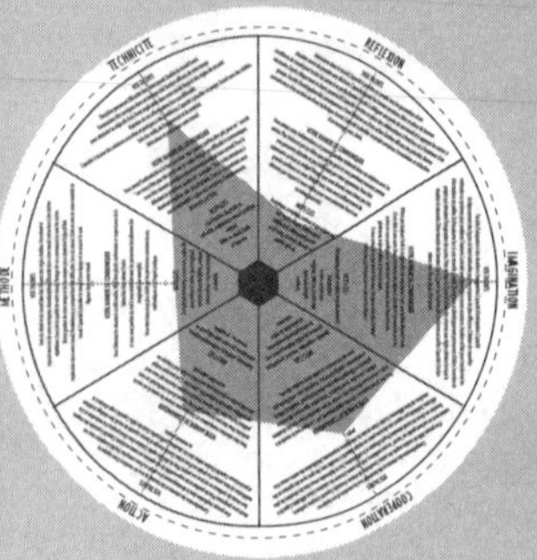

Sa question

« Je suis en première année de BTS comptabilité et je ne pense pas que ce soit ma voie. Je vais faire mon stage au mois de mai et je verrai si je continue, mais je ne suis plus vraiment motivée. J'ai 22 ans et je ne sais pas réellement ce que je veux faire. »

Analyse du conseiller

Les résultats du test donnent l'image de quelqu'un de particulièrement imaginatif, qui aime suivre ses intuitions et apporter ses propres idées. Votre deuxième pôle de compétence est la technicité, c'est-à-dire le besoin de faire des choses concrètes, de réaliser des choses de vos dix doigts. Enfin, vous êtes coopérative (besoin d'aider les autres, d'être avec eux) et aussi active (besoin d'entreprendre).

En effet, la comptabilité ne semble pas être une voie particulièrement adaptée à votre profil. Vous n'aimez pas particulièrement ni la théorie, ni une trop grande organisation. Un bon *feeling* sera pour vous toujours plus important qu'une hiérarchie pesante et des procédures strictes.
Parmi les métiers qui correspondent le mieux à votre profil, nous trouvons : costumier du spectacle, technicien du spectacle (lumière, décors, etc.), photographe, assistant réalisateur, artisan d'art, étalagiste (la personne qui met les vitrines de magasins « en scène »), maquettiste presse ou Internet, paysagiste ou activité liée au jardin, à la nature et, enfin (peut-être pour vous faire rire si vous êtes une faible femme), tailleur de pierre ou restaurateur de monuments anciens.
Peut-être pourriez-vous également regarder du côté de l'animation socioculturelle et sportive, car vos pôles de talents y feraient certainement merveille.

Profil n° 8 : Audrey, 31 ans, assistante commerciale

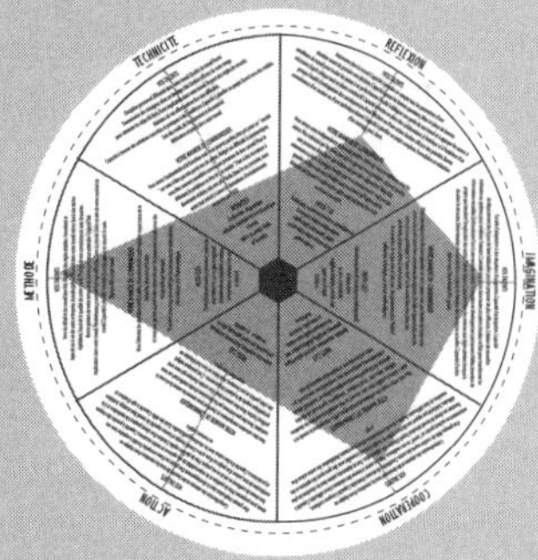

Sa question

« La société dans laquelle je travaille actuellement licencie les salariés. Je suis actuellement assistante commerciale et j'ai deux ans d'ancienneté. En deux ans, j'ai donc évolué et je suis devenue assez autonome et responsable dans mes décisions. J'ai évolué vers le marketing : mise en place de jeux sur le site Internet, etc. Je m'occupe de tout le suivi commercial : les commerciaux signent les contrats et je gère tout le reste. Je m'occupe aussi de la gestion technique : mise en ligne des partenaires sur le site, statistiques de visites (tout ça grâce à l'utilisation d'un logiciel de gestion dédié à ma société). J'ai donc maintenant des bases (petites) en langage html.

Je suis très polyvalente (j'aime bien d'ailleurs), mais me spécialiser serait peut-être mieux. Je voudrais me diriger vers le marketing ou vers l'informatique, je ne sais pas encore. Car j'ai l'impression que le terme « assistante » ne me correspond plus tout à fait. Pouvez-vous me dire ce que vous pensez de ma situation et me donner quelques conseils si vous avez une idée à mon sujet ? »

Analyse du conseiller

Commençons par une rapide analyse de votre profil d'intérêts. Votre principale compétence est la méthode et donc le sens de l'organisation. Viennent ensuite, quasi à égalité les unes avec les autres, la coopération (besoin de rendre service), l'imagination et, enfin, la réflexion (besoin d'apprendre en permanence de nouvelles choses). Il s'agit d'un profil assez particulier et même plutôt rare. En effet, méthode et imagination sont souvent des opposés (en rapide : madame Méthode range sa chambre, tandis que dame Imagination y met le désordre). En dehors des tensions que cela peut vous créer (hésitation, doute, tiraillement entre les possibles), ça constitue une grande force.

En dehors de votre côté méthodique (qui vous pousse à un fort besoin d'appartenance à une structure, à un besoin d'objectifs bien définis), votre profil est celui d'une journaliste, d'une personne qui s'intéresse au « contenu ». En ajoutant le côté méthodique, on peut effectivement penser au marketing et, sinon à l'informatique, du moins à l'intégration multimédia, ce que vous faites en grande partie, si nous avons bien compris la définition de votre poste.

Avec moins d'expérience que vous, certains s'instituent chefs de projet multimédia et y parviennent souvent. Avez-vous tenté de lancer votre CV, par un exemple sur un site comme www.bale.fr ?

Profil n° 9 : Noémie, 21 ans, élève d'HEC

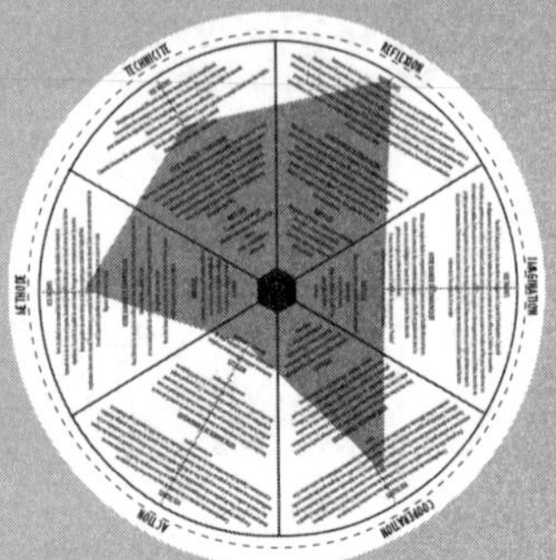

Sa question
« Quels types de stage conseillez-vous à des étudiants qui veulent s'orienter vers la gestion des ressources humaines ? »

Analyse du conseiller
Tout d'abord, il est intéressant de noter que votre profil d'intérêts s'accorde assez bien avec une activité dans le domaine de la gestion des ressources humaines.
Vous êtes en effet coopérative et aimez aider les autres. Vous êtes réfléchie et aimez comprendre avant d'agir. Enfin, vous êtes méthodique et avez besoin de connaître les « règles du jeu ». Mais d'ailleurs, dans GRH, il y a « gestion », ce que devrait favoriser votre sens de la méthode.

Sans beaucoup de précision sur votre formation et votre cursus (et le niveau auquel vous en êtes), il est un peu difficile de vous dire de but en blanc le stage qui vous correspondrait le mieux. La durée possible et l'époque du stage ont également une importance. A partir du moment où votre projet professionnel semble relativement clair et correspond à vos compétences de base (sur le plan de la personnalité et des centres d'intérêt), à peu près n'importe quel stage ayant à voir avec la gestion du personnel peut correspondre. L'important, c'est d'apprendre de nouvelles choses et d'en faire, ensuite, une analyse pour avancer. Un stage est une occasion de découverte et, sauf dans une stratégie précise de recherche d'emploi (dans une entreprise ou à un poste précis), il n'a que rarement un caractère unique et irremplaçable.

Précisions supplémentaires : en quatrième dominante, vous êtes (presque à égalité avec la méthode) assez technique. C'est-à-dire que vous aimez le concret, notamment au niveau des atmosphères de travail. Donc, pour vous aider, on peut donner le conseil de choisir ce type d'environnement (une entreprise de haute technologie, par exemple, qui irait assez bien avec votre côté réflexion/investigation/attirance pour la science).

Profil n° 10 : Benoît, 21 ans, étudiant et pompier volontaire

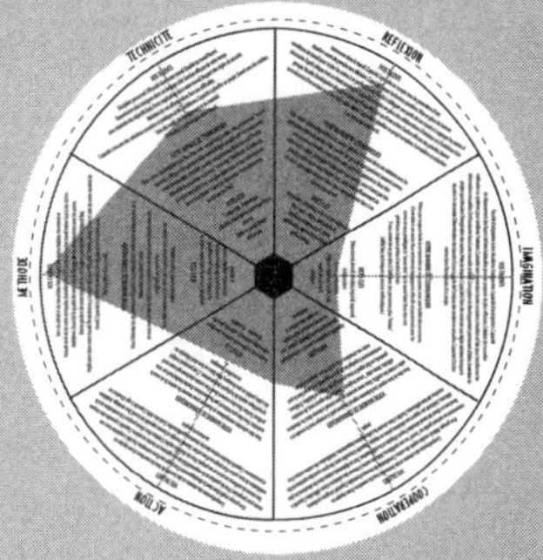

Sa question

« Je suis étudiant et pompier volontaire, et actuellement en deuxième année de BTS (maintenance et après-vente automobile, MAVA), mais je ne veux pas en faire mon métier. J'avais choisi cette voie pour me motiver dans mes études, parce que j'aimais bien la mécanique.
Maintenant, je souhaite me réorienter, mais le problème, c'est que je ne sais pas dans quelle voie. Pourriez-vous me conseiller et me dire, d'après mon profil, quelles sont les possibilités après un bac STI ou un BTS MAVA, si c'est possible de partir dans carrément autre chose ou pas ? »

Analyse du conseiller

Vous avez le profil de quelqu'un de méthodique (qui aime organiser, gérer des dossiers et aussi les environnements où les tâches sont clairement définies et où la concurrence n'est pas trop importante), quelqu'un de réfléchi (qui aime comprendre avant d'agir, investiguer, apprendre de nouvelles choses en permanence) et, enfin, quelqu'un de technique (qui aime travailler avec des outils, des machines, et avec ses dix doigts, qui aime le concret et se dépenser physiquement). Vos résultats sont à peu près égaux sur ces trois pôles. Ce qui explique votre choix de la filière maintenance et après-vente. On pourrait même dire que cette voie vous permet de mettre en application ces trois pôles : maintenance automobile = réflexion et technicité, après-vente = méthode. Vous aurez bien sûr quelques difficultés pour vous réorienter totalement vers autre chose. Mais avec de la motivation, tout est toujours possible.
Voici une liste d'autres spécialités où vous auriez de bonnes chances de réussite :

- santé/paramédical : technicien santé (radiologie, électrocardiogramme, etc.) ;
- recherche/industrie : technicien de laboratoire, technicien de contrôle qualité (ce qui est d'ailleurs possible dans le secteur automobile, par exemple) ;
- transport aérien : mécanicien de bord, mécanicien au sol ;
- gestion : comptabilité, analyse de gestion, audit interne (contrôle financier).

Profil n° 11 : Sophie, 18 ans, lycéenne

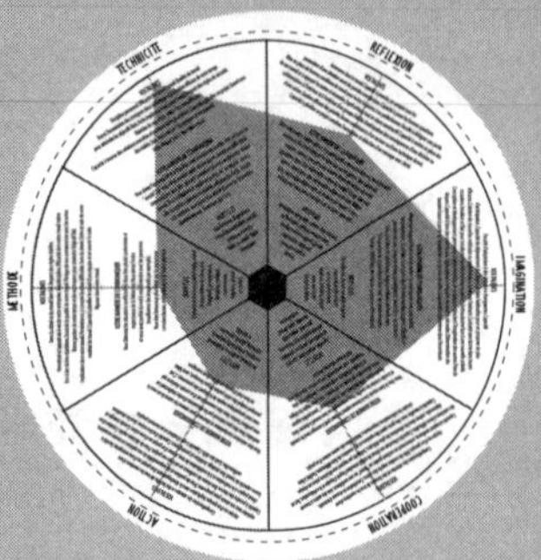

Sa question

« J'ai peut-être une petite idée concernant mon orientation, mais je n'arrive pas à l'exprimer en termes de métier(s). J'aimerais faire un métier qui me permettrait d'analyser les faits actuels, d'en déterminer les causes, conséquences et répercussions. Je m'intéresse d'ailleurs beaucoup à l'actualité : j'aime m'informer sur les problèmes mondiaux et j'aimerais réfléchir sur les événements. Je n'ai pas tellement envie d'être journaliste, car je pense ne pas avoir assez d'audace. J'aime bien réfléchir à fond sur un sujet et je préfère l'avoir longuement travaillé, le connaître parfaitement, avant de l'exposer. Je peux à la fois travailler en groupe et seule. Je ne sais pas dans quel contexte j'aimerais travailler. Les débouchés et le salaire sont vraiment importants pour moi. Je préférerais ne pas me déplacer (ou alors, de temps en temps). Pourriez-vous me dire à quel métier tout ceci correspond, et quelle filière je dois emprunter ? »

Analyse du conseiller

Vos résultats au test sont assez tranchés. C'est-à-dire que vous n'avez pas ce que l'on trouve parfois et que l'on appelle dans notre jargon un « profil plat » : un profil où les scores sur les six compétences sont peu différenciés.
Il faut savoir qu'avant 28/30 ans, c'est-à-dire avant d'avoir vécu des expériences professionnelles significatives et qui ont permis de vérifier sur le terrain ses propres compétences, il est souvent un peu difficile d'être sûr de ses propres compétences. Il existe quelques « pilotes d'exception » de l'orientation, qui savent depuis toujours ce qu'ils veulent faire et qui le font effectivement, mais ça n'est pas la majorité.
Pour en revenir à vous, il est vrai que ce que vous nous dites de vos envies et de vos « rêves » d'activité ne correspond pas vraiment à vos résultats. A vous écouter, vous êtes plus « réfléchie » que cela n'apparaît dans les scores obtenus. Dans le même temps, vous semblez méthodique. Peut-être faut-il repasser le test ?
Pour répondre à vos interrogations, l'activité que vous décrivez correspond assez bien soit à un job dans l'édition : responsable d'une encyclopédie sociopolitique, comprenant par exemple le suivi d'auteurs écrivant sur ce type de sujet.

Profil n° 12 : Guillaume, 27 ans, diplômé d'une école de commerce

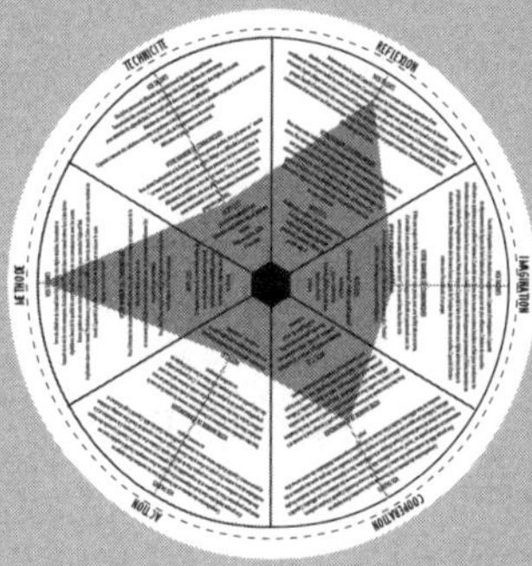

Sa question

« J'ai 24 ans, je viens d'être diplômé de l'Ecole de commerce de Bordeaux. Je sens que les études que j'ai faites ne me proposent pas le type de travail que je voudrais. Je recherche un travail utile à la société, aux autres. J'aimerais dans un premier temps trouver un juste milieu entre mes aspirations et mes études. Les domaines vers lesquels je me tourne en ce moment sont la politique, la sociologie, les sciences humaines en général.
Voilà. Le portrait qui ressort du test est assez ressemblant. Je pense que je suis très exigeant, et peut-être trop idéaliste. Et j'ai du mal à prendre des décisions. »

Analyse du conseiller

Vous êtes quelqu'un de méthodique, qui aime gérer et organiser, mais qui n'est pas forcément l'initiateur des actions menées. En deuxième lieu, vous êtes réfléchi et vous avez besoin d'apprendre en permanence de nouvelles choses. Enfin, vous aimez coopérer et n'êtes pas dépourvu de créativité et d'imagination, même si vous préférez construire à partir de l'existant.
Vos idées d'orientation sont loin d'être « hasardeuses ». Dans l'absolu, la politique et la sociologie sont en effet des voies intéressantes pour vous, compte tenu de votre profil et de vos objectifs généraux. Par contre, le journalisme nous semble assez éloigné : possible, bien sûr, avec votre niveau d'études et de connaissances, mais plus hasardeux dans vos chances de vous adapter à un monde mouvant et basé sur une certaine compétition.
La politique. Si l'on prend en compte l'ensemble de vos critères (besoin de s'assumer financièrement, notamment), voici les quelques idées que l'on peut vous donner (elles sont parfois cumulables) :

- trouver un poste d'attaché parlementaire (assistant d'un sénateur ou d'un député) ou intégrer le cabinet d'un responsable politique (collectivité territoriale, mairie, ministère, etc.). Il faut avoir quelques relations, certainement, mais avec de la motivation, cela reste possible. Points à vérifier : le montant des salaires qui ne doivent pas être mirifiques et il y a éventuellement le problème des alternances ;
- préparer un concours de l'administration ou de la fonction publique territoriale. Certains de ces concours permettent de suivre des formations le plus souvent rémunérées. Par ailleurs, plusieurs « métiers » de la fonction publique peuvent correspondre à la définition que vous vous faites de votre métier idéal. Certains concours mènent à l'entrée dans des écoles qui forment à des métiers directement ou indirectement politiques : Ecole de la magistrature, ENA, etc.

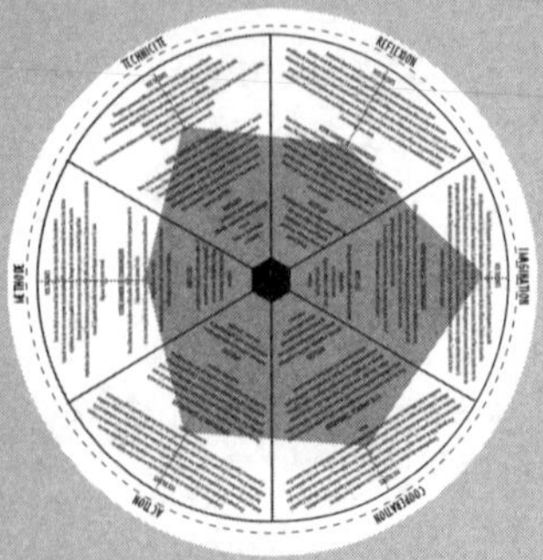

Profil n° 13 : Sylvie, 35 ans, assistante technique

Sa question

« J'ai une formation technique et plus générale en secrétariat (niveau BTS assistante de direction). Je travaille dans un bureau d'études depuis trois ans comme assistante technique dans le domaine des réseaux de télécommunication (installation d'antennes GSM, faisceaux hertziens, etc.). Je m'occupe de la conception de dossiers techniques pour différents opérateurs. Je trouve cet emploi trop répétitif, trop figé, trop bureautique et pas assez remuant. Je souhaiterais reprendre des études. Je sais qu'il aurait fallu que je termine mon BTS AD, mais le secrétariat ne m'attire plus du tout (j'ai débuté ma vie professionnelle comme secrétaire technique dans un laboratoire d'audiologie). J'ai donc fait votre test, qui m'a apporté des précisions sur mon comportement professionnel.

J'ai du mal à trouver une formation que me plaise et qui me convienne. Seuls les domaines de la recherche, de l'animation ou des sciences humaines m'attirent. Hélas, rien à voir avec ma formation d'origine ! Pouvez-vous me donner quelques conseils sur les possibilités d'une nouvelle orientation, ainsi que les formations existantes compatibles avec une activité professionnelle ? »

Analyse du conseiller

Vous avez un profil de compétences relativement diversifié, ce qui tendrait à démontrer que vous avez su profiter des différentes expériences vécues. Votre profil de base repose sur les trois pôles imagination/coopération/action, ce qui vous donne un bon taux de réussite possible dans des domaines comme l'éducation/formation et le conseil dans le domaine du social, ou encore des ressources humaines.

En ce qui concerne la formation et les ressources humaines, n'y a-t-il pas de possibilités pour vous, à l'intérieur ou non de votre entreprise actuelle, de « bifurcation » ? Vous avez acquis des compétences techniques, administratives, humaines. Il serait intéressant de pouvoir les exploiter dans l'un de ces deux domaines. Cela vous permettrait d'apporter vos propres idées dans votre travail, d'aider les autres (ce que vous aimez assez faire), tout en étant active.

Il s'agit certainement là de l'idée la plus évidente. Cela ne veut pas dire que vous pourrez faire cela sans une période de formation, mais au moins, vous repartez d'un vécu. C'est toujours plus facile et aussi, plus rassurant. Si ce conseil correspond à votre envie, allez sur les sites web d'offres d'emploi et fouillez dans les offres pour trouver des idées qui seront peut-être ensuite applicables à votre environnement immédiat.

De manière plus générale, il est toujours possible de reprendre des études tout en restant salarié. En dehors d'hypothétiques cours par correspondance ou du soir (on se décourage très vite et le taux de réussite est faible), il est possible d'obtenir un congé-formation rémunéré sous certaines conditions. Voici un lien vers le site du ministère du Travail, qui présente cette opportunité : www.travail.gouv.fr.

◗ Profil n° 14 : Marie, 26 ans, maîtrise de biologie

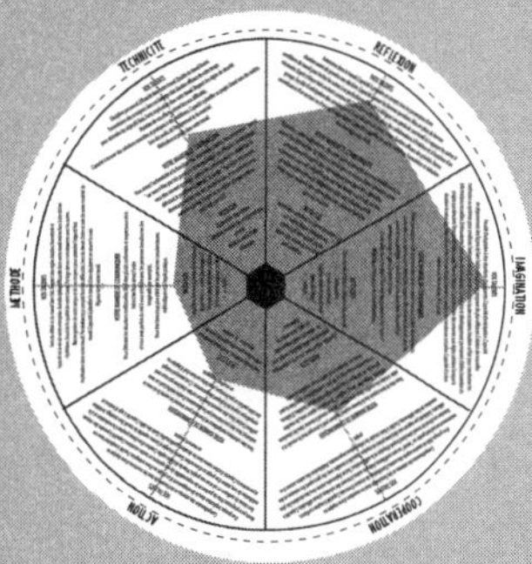

Sa question

« J'ai validé une maîtrise de biologie cellulaire et physiologie mention génétique, sans motivation mais avec soulagement. J'ai souhaité devenir chercheur, mais lors d'un stage, je me suis rendu compte que je n'avais pas les compétences (pas assez de concentration, donc pas d'acquisition rapide des techniques, et incapable de raisonner dans l'abstrait (l'infiniment petit) pour résoudre des problèmes mathématiques, par exemple) et que mon idée de ce métier ne correspondait pas à la réalité.

En parallèle, l'art est un vrai plaisir : peindre, créer, les couleurs, la littérature, les manifestations artistiques. J'envisage des études de paysagiste à l'ENSP de Versailles, pour l'an prochain, mais l'entrée est très sélective.

Cette année, sans validation par un examen, ne me semble pas évidente. J'aimerais l'utiliser du mieux possible pour préparer ce concours et travailler. J'ai toutefois peur de délaisser les études au profit de petits boulots. S'inscrire en faculté d'histoire de l'art ? Faire des stages chez des paysagistes, horticulteurs ? Mais il me faut aussi prévoir une échappatoire en cas de non-admission à l'ENSP, or je n'ai pas de second projet professionnel. »

Analyse du conseiller

Vous avez un profil qui oscille, en effet, entre un métier comme paysagiste (mais aussi architecte ou designer industriel), avec l'association entre l'imagination, la réflexion et la technicité et des métiers comme journaliste, psychothérapeute, ou encore éditrice, avec l'association de vos intérêts pour l'imagination, la réflexion et, cette fois, la coopération.

Vous voyez que le « spectre » est large. Par parenthèse, la biologie n'était pas un si mauvais choix : il y a le mystère de la vie, son côté impalpable mais également très présent qui correspond bien à votre profil. D'ailleurs, les choix d'orientation ne se font jamais (ou presque) par hasard.

Que faire cette année ? Quelques idées : passer le maximum de temps à lire des ouvrages sur le paysagisme, son histoire, ses modes, ses méthodes, ses techniques. Il existe une masse incroyable de documentation. La Librairie du Moniteur qui se trouve sur la place du Théâtre de l'Odéon à Paris est une source importante, mais vous trouverez également énormément de choses sur Internet, en utilisant n'importe quel moteur de recherche. Les différentes écoles disposent également d'une bibliothèque, Versailles, mais aussi Chaumont-sur-Loire, que vous connaissez sûrement pour sa manifestation annuelle sur les jardins. La Ville de Paris propose également un cours du soir en paysagisme (école primaire rue Buffon). Ce cours prépare aux concours des écoles de paysagisme.

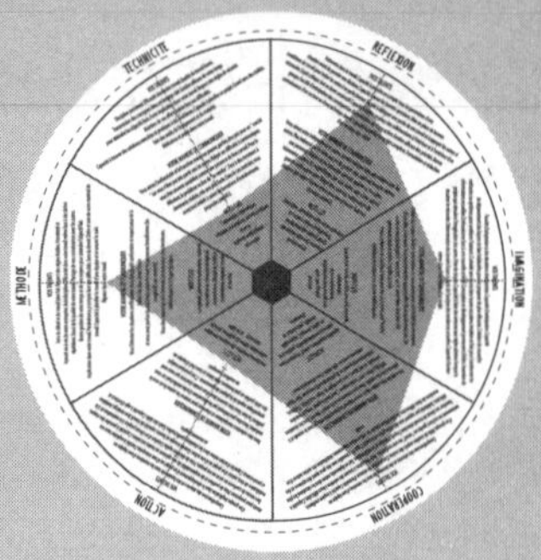

Profil n° 15 : Mathieu, 21 ans, BTS comptabilité gestion

Sa question

« J'ai obtenu mon bac STT et je suis actuellement en première année de BTS comptabilité gestion. Je suis en fait redoublant et je m'aperçois que, définitivement, cette filière ne me convient pas. J'aimerais faire autre chose dans le domaine de l'informatique, je souhaiterais donc connaître mes possibilités d'orientation dans ce secteur. »

Analyse du conseiller

Vous êtes social et vous aimez aider les autres. Vous êtes quelqu'un de curieux et vous aimez comprendre avant d'agir. Enfin, vous êtes méthodique et aimez les chiffres et suivre des dossiers.

Tout cela n'est pas très éloigné de la comptabilité gestion et vous ne vous êtes pas totalement orienté par erreur. Peut-être eût-il mieux valu que vous soyez plus méthodique que social, car c'est peut-être cela qui fait que la comptabilité n'est finalement pas totalement votre « tasse de thé ». Votre côté social ressort pour vous « empêcher », parfois, de voir les implications humaines de tous ces chiffres et votre côté réflexion s'ennuie parfois devant toutes ses règles toutes faites. C'est une hypothèse ! Vous réorienter vers l'informatique ? Pourquoi pas ? Toutefois, nous vous conseillons plutôt de vous orienter vers des fonctions liées à l'administration des réseaux ou à l'intégration dans le domaine du web, plutôt que vers le développement logiciel. »

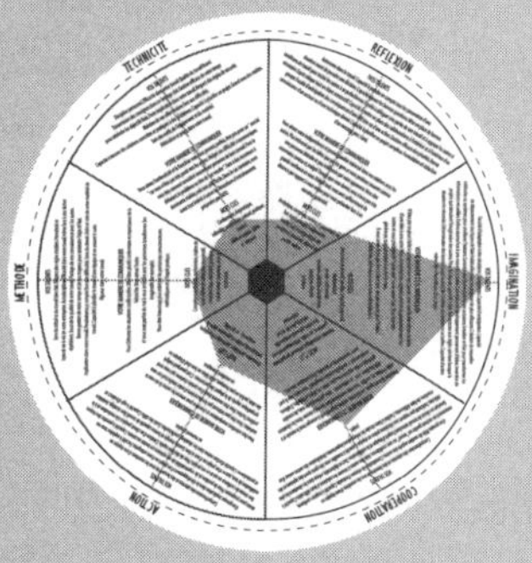

◗ Profil n° 16 : Magali, 20 ans, BTS action commerciale

Sa question

« Actuellement, je fais un BTS action commerciale, mais cela ne me convient pas. L'année dernière, j'étais en faculté d'histoire et cela ne me convenait pas non plus. Ma question est : par rapport à mes caractéristiques, est-ce qu'il existe une voie pour moi, ou est-ce que je suis "condamnée" à faire un métier qui ne me plaît pas ? Et est-ce qu'il y a des personnes qui ne trouvent jamais leur voie ? »

Analyse du conseiller

Aïe ! Vous seriez condamnée à errer sur les marges des boulots tous plus inintéressants les uns que les autres ?! En fait, Magali, vous avez une qualité qui est également un défaut (la vie est mal faite) : vous êtes une grande imaginative. Vous avez une telle capacité à imaginer les choses que vous avez beaucoup de mal à vous fixer sur quelque chose de précis. Vous vous sentez d'ailleurs souvent capable d'entreprendre beaucoup de choses différentes. Dans notre monde, l'imagination est une qualité recherchée, mais, en même temps, on aime les gens classiques et rentrant dans le moule. D'où, pour vous, parfois un certain décalage.

A côté de l'imagination, vous êtes également très sociale et aussi active et entreprenante. Si le BTS action commerciale ne vous convient pas, c'est peut-être parce que vous n'avez pas encore vu comment cette formation peut vous permettre de trouver par la suite un job qui vous permettra de vous sentir pleinement bien dans votre peau.

Le commerce, si tant est que l'on vous permette d'apporter vos propres idées et que l'on vous laisse une bonne marge de manœuvre, est un secteur qui peut totalement vous aller. Réfléchissez donc bien avant de quitter la proie pour l'ombre. Pourquoi ne pas essayer de faire votre deuxième année de BTS en alternance en trouvant une entreprise qui aurait besoin de quelqu'un comme vous ? Regardez par exemple du côté des entreprises Internet, où beaucoup de choses sont à inventer et, de manière générale, dans le domaine culturel ou artistique.

Votre « problème », c'est moins un problème de formation que celui de trouver un secteur ou une entreprise qui vous permette de dépenser votre trop-plein d'imagination et ce besoin d'aider les autres.

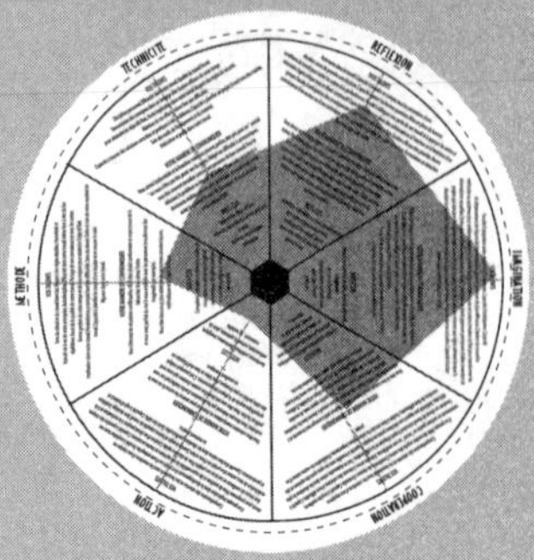

Profil n° 17 : Arthur, 27 ans, demandeur d'emploi

Sa question

« Je suis jeune diplômé d'une école d'ingénieurs. J'ai suivi mes études dans l'espoir de trouver de l'intérêt dans mon futur travail, mais avec toujours la frustration de n'avoir pas tenté ce qui me tient réellement à cœur : être médecin. Et maintenant, j'ai presque un an d'expérience professionnelle, et ce qui était une simple frustration est devenu une véritable certitude : ma «voie» n'est pas dans l'entreprise, mais bien celle de devenir médecin. Mon projet est donc de m'inscrire en médecine et de reprendre à zéro mes études, ce qui bien sûr m'effraie un peu. Mais je suis prêt à tout pour faire ce que je veux dans ma vie, et non pas subir ! Donc, j'aimerais énormément avoir le témoignage, ou l'exemple d'un ingénieur qui, comme moi, a repris de longues études, idéalement de médecine. Ça me donnerait sans doute le courage qui me manque encore un peu pour me lancer dans cette aventure. »

Analyse du conseiller

Votre orientation vers une école d'ingénieurs s'explique certainement par le fait qu'en deuxième dominante d'intérêts, vous êtes quelqu'un de réfléchi et aimant investiguer. Aimant les sciences et les mathématiques, vous avez peut-être, sur les conseils de vos parents ou de vos professeurs, décidé d'emprunter le chemin de la prépa, etc.

La médecine suppose les mêmes types de qualité, plus une que vous possédez en troisième dominante : le social, la coopération, le besoin d'aider les autres. Toutefois, dans les deux voies, il faut aussi aimer le concret, voire ne pas détester réaliser des choses avec ses mains, être pourvu d'un minimum de technicité (nous parlons ici en termes d'intérêt dans la vie).

Or, votre première compétence, c'est incontestablement l'imagination. Vous aimez apporter vos propres idées et avez un certain sens esthétique, sinon artistique.

Votre profil de compétences (imagination/réflexion/coopération) correspond, dans le domaine médical, à celui d'un psychiatre, par exemple. Si l'on résume, votre « mode de fonctionnement » est un peu le suivant : vous imaginez comment les choses marchent, puis vous en faites la vérification. Parallèlement, les problématiques sur lesquelles vous aimez travailler doivent avoir plus de liens avec les hommes qu'avec les choses. C'est pourquoi le journalisme, par exemple, est également une voie prometteuse pour vous.

Profil n° 18 : Patricia, 30 ans, chef de produit

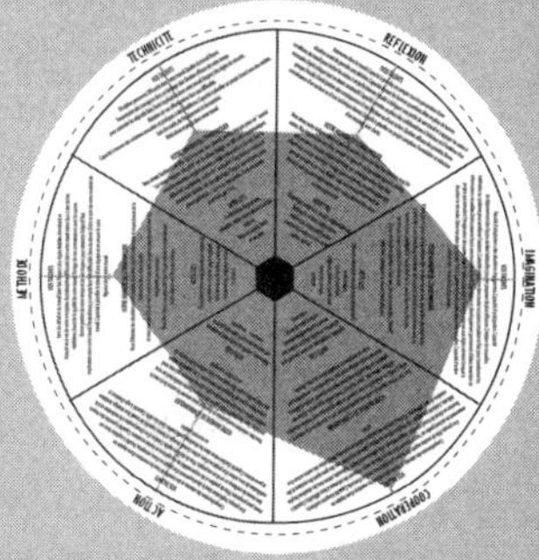

Sa question

« Je souhaite m'orienter vers un poste à responsabilité : chef de produit dans le domaine pharmaceutique ou chargée des partenariats. Pensez-vous que, selon mon profil, je sois faite pour ce type de carrière ou me voyez-vous plutôt à un poste de chargé d'études ? »

Analyse du conseiller

Votre hésitation est typique par rapport à votre profil de compétences. En effet, vous êtes d'abord et avant tout coopérative et sociale et, dans ce cadre, la gestion d'équipe et/ou la responsabilité d'une partie des relations clients (ou fournisseurs ?) vous attirent fortement.

Comme, par ailleurs, vous êtes réfléchie, vous avez besoin d'apprendre en permanence de nouvelles choses et de comprendre avant d'agir. C'est pourquoi, également, le poste de chargé d'études vous intéresse. C'est d'autant plus vrai que vous êtes quasiment aussi intéressée par la réflexion que par la coopération. D'où la difficulté (?) de votre choix.

Vous êtes coopérative, réfléchie, méthodique. C'est-à-dire que vous avez besoin de travailler en équipe et envie de gérer des projets, des dossiers. Si l'on tient compte du fait qu'en second lieu (par rapport à vos trois pôles de compétences de base), vous êtes aussi quelqu'un d'assez actif et entreprenant et ne détestez pas le concret, le poste de chargé des partenariats nous paraît le mieux approprié. Si tant est, toutefois, qu'il vous permette des suivis sur la durée et qu'il repose sur des bases de partenariats intelligents et équilibrés.

Le poste de chef de produit vient en second, à la condition de laisser une part aux échanges humains. Par contre, dans le poste de chargé d'études, vous risquez de vous ennuyer. Sous réserve d'inventaire, il ne fait pas assez appel à la palette de vos compétences.

Voilà ce que nous permettent de dire la prise en compte de vos résultats au test et les quelques lignes que vous nous avez transmises.

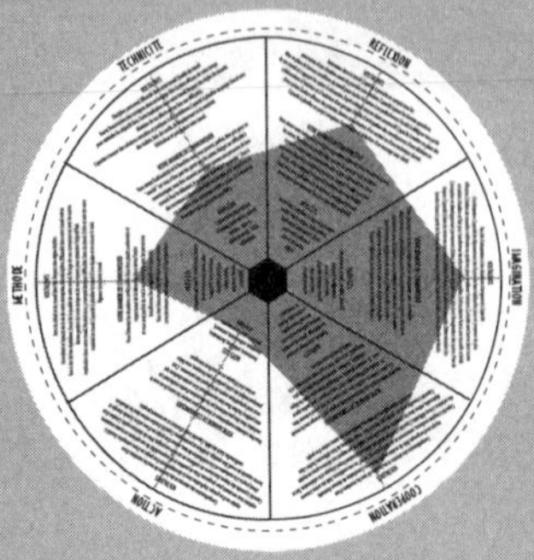

Profil n° 19 : Bruno, 38 ans, responsable informatique

Sa question

« Mon job de responsable informatique dans une PME m'ennuie profondément, j'ai envie de changement, d'une équipe jeune, plus motivée, plus entreprenante. Je souhaite recentrer mon activité sur un projet porteur, ambitieux, par exemple une direction de projet Internet/Intranet. Pouvez-vous m'indiquer les « bonnes pistes de recherche » et une démarche rationnelle à mettre en œuvre ? »

Analyse du conseiller

Avant de répondre plus directement à votre question, faisons une rapide analyse de votre profil de compétences. Vous êtes d'abord et avant tout quelqu'un de coopératif. Vous aimez aider les autres et vous aimez le travail d'équipe. En deuxième lieu, vous êtes imaginatif et aimez apporter des solutions originales aux problématiques rencontrées dans votre vie professionnelle. Enfin, vous êtes réfléchi et aimez apprendre en permanence de nouvelles choses.

Nous pensons que c'est à partir de ces compétences que vous devez bâtir une stratégie pour rechercher un nouvel emploi. La première des choses (si ce n'est déjà fait) est de passer beaucoup de temps dans les semaines à venir à vous documenter sur les problématiques actuelles du web. Vous devez, bien sûr, vous focaliser sur :

- ce que vous savez faire, votre expérience. Cela veut dire que, par rapport aux problématiques rencontrées *via* vos visites sur les sites Internet et vos lectures (presse, bouquins), vous devrez chaque fois essayer de recenser vos forces/faiblesses en terme technique et, plus généralement, de *background* ;
- le « contexte » de votre recherche : avez-vous la possibilité de suivre un cursus de formation avant de vous lancer ? Etes-vous capable d'accepter, au moins dans un premier temps, un salaire moindre ? Est-ce impératif de rester dans votre région ? La liste des questions dépend de vous. En fonction de cela, votre « focus » sera différent : intérêt pour les PME, pour un secteur ou pour un type de technologie, etc.

Cette première étape va vous ouvrir des horizons certainement insoupçonnés et, en tout cas, vous permettre de délimiter le champ de votre recherche. En un mot, vous permettre de vous fixer des objectifs plus concrets qu'un simple désir de changement. A partir de là, compte tenu de votre profil d'intérêts, vous aurez deux manières de chercher l'offre idéale :

- par la lecture attentive du marché ouvert des offres d'emploi ;
- par la recherche sur le marché caché, en participant à des réunions (chambres de commerce, salons professionnels, etc.) et en envoyant votre candidature à des entreprises ciblées par rapport à votre projet.

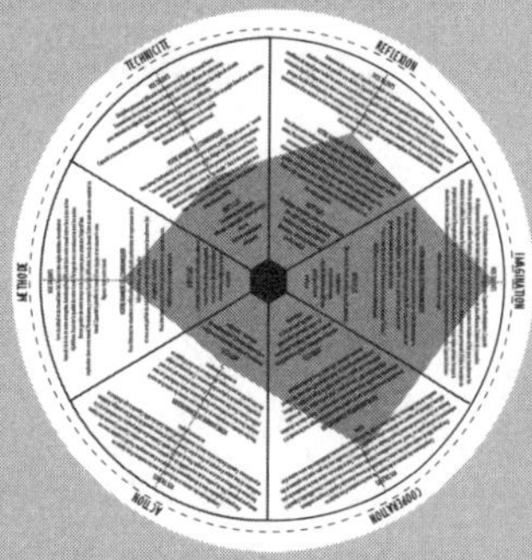

Profil n° 20 : Julie, 26 ans, master de commerce international

Sa question

« Quel métier me correspond ? Je souhaite me réorienter sur le tard, puisque j'ai un diplôme bac + 5 en commerce international, que je travaille depuis trois ans déjà et que je me sens perdue dans une voie qui ne me va pas. »

Analyse du conseiller

Vous avez une grande particularité : celle d'associer en premier pôle de compétence l'imagination avec un troisième pôle qui est la méthode (pôle moins important chez vous que le premier, mais quand même important). Ces deux pôles sont un peu en contradiction. En effet, l'imaginative est attirée par tout ce qui est ambigu, libre et qui fait plutôt appel au *feeling*, alors que la personne méthodique aime que les choses soient clairement posées et organisées. C'est une force que d'associer ces deux compétences, mais il faut apprendre à « vivre avec » et à savoir utiliser les deux, sans trop « se prendre les pieds dans le tapis ». Cette dualité chez vous explique peut-être votre choix d'études et la difficulté que vous rencontrez aujourd'hui. Vous avez choisi l'international, parce que ça vous a un peu fait rêver. Les créatifs aiment les langues étrangères et « l'ailleurs », de manière générale. Les méthodiques, eux, voient souvent dans le commerce international la possibilité de gérer et de suivre des dossiers. Ce choix se confirme d'ailleurs par votre deuxième pôle de compétence, qui est la coopération. Alors, que faire ? N'est-il pas judicieux d'essayer de trouver une voie où vous pourriez plus exprimer votre créativité, tout en continuant à aider les autres, ce qui est important pour vous ? Vos deux pôles « annexes » de compétences (coopération et méthode) font de vous certainement un excellent « support » pour un groupe (vous feriez une excellente instrumentiste d'orchestre).

QUIZ : QUELLES SONT VOS VALEURS ?

A côté des intérêts, tellement importants pour se construire un chemin prometteur, les valeurs, ce à quoi l'on croit, ce qui nous paraît important à respecter, jouent également un grand rôle dans nos choix d'activités professionnelles.

1. Parmi les énoncés suivants, cochez ceux qui vous semblent les plus importants pour votre satisfaction au travail, puis numérotez vos dix valeurs principales, par ordre d'importance.

- Sécurité financière.
- Argent (rémunération élevée ou faire beaucoup d'argent).
- Horaire régulier de jour.
- Avoir du temps libre pour mes loisirs ou ma famille.
- Pouvoir créer (nouveaux projets, nouvelles idées, etc.).
- Autonomie.
- Avoir une certaine liberté d'action.
- Possibilité d'avancement.
- Prestige lié à la profession, à l'emploi ou à l'entreprise.
- Altruisme (contribuer au bien-être d'un groupe ou d'une communauté).
- Relation d'aide (contribuer au mieux-être des autres).
- Reconnaissance (être reconnu par mes collègues ou mon patron).
- Etre scolarisé (faire des études avancées).
- Etre en contact avec des gens.
- Travailler surtout seul.
- Avoir des tâches variées.
- Acquérir de nouvelles connaissances (continuer d'apprendre).
- Résoudre des problèmes par la réflexion.
- Travailler en équipe.
- Jouir d'un pouvoir décisionnel.
- Travailler dans ma ville.
- Avoir de bonnes relations interpersonnelles au travail.
- Communication (exprimer mes idées par écrit ou oralement).
- Avoir des responsabilités.
- M'affirmer (faire ma place dans mon travail).
- Avoir de bonnes conditions de travail (vacances, avantages sociaux).
- Participer à une œuvre commune.
- Développer mes compétences (actualiser mon potentiel).
- Valeurs morales (honnêteté, franchise, justice, etc.).
- Pouvoir changer la société.
- Exercer mon *leadership*.
- Travailler à mon rythme.
- Avoir le goût de me dépasser.
- Etre apprécié et aimé.
- Avoir de la nouveauté.
- Travailler dans un milieu compétitif.
- Avoir du succès.

• Stabilité d'emploi.
• Etre respecté.
• Intégrité (être dans un milieu qui correspond à mes valeurs).
• Productivité (avoir à donner toujours mon maximum).
• Diriger d'autres personnes.
• Pouvoir utiliser mon imagination.
• Me sentir utile.
• Travailler avec des gens à l'esprit ouvert.

2. Parmi les valeurs que vous avez choisies, indiquez dans ce cercle celles auxquelles vous tenez le plus (au maximum, dix). Donnez à chaque partie du cercle une dimension proportionnelle (en forme de pointe de tarte) à l'importance que vous accordez à chaque valeur sélectionnée.

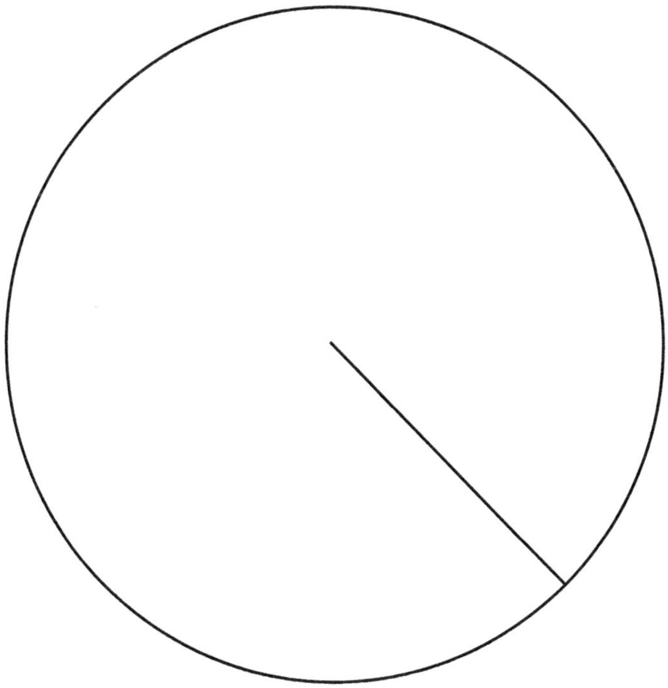

3. Est-ce que vos cinq principales valeurs vous aident ou vous limitent dans votre champ d'études ou dans votre futur emploi ? Dites pourquoi.

Valeur	Facilite mon adaptation	Limite mon adaptation
1.		
2.		
3.		
4.		
5.		

3 - VOTRE ENFANT EST SURDOUÉ

Qu'est-ce que l'intelligence ? Sur quoi se base-t-on généralement pour estimer qu'une personne est intelligente ou ne l'est pas ? A sa capacité à résoudre des problèmes compliqués ? A son niveau de culture ? A son habileté à faire des discours ? A son charisme ? A ses performances scolaires ou professionnelles ? A sa faculté de s'adapter à n'importe quel environnement ?

Parallèlement, l'intelligence est-elle liée à l'environnement (éducation, milieu social, etc.) qui en stimule ou non le développement, ou bien est-elle prédéterminée à la naissance ? Le concept d'intelligence est-il universel ? Autrement dit, une personne que nous considérons comme intelligente bénéficie-t-elle de la même considération sous n'importe quelle latitude et à n'importe quelle époque ?

C'est un cousin de Charles Darwin, Francis Galton, qui fut l'un des premiers à utiliser différentes méthodes de calcul pour démontrer que l'intelligence était mesurable et était le fruit de l'hérédité. Lors de l'exposition internationale de 1884, il proposa au public, pour une somme modique, de passer un ensemble de tests et de disposer ensuite d'un résultat.

Après une période plutôt fumeuse où plusieurs scientifiques mesurèrent les crânes et les corps, et pesèrent les cerveaux afin de déceler dans ces différentes données la preuve et la mesure des différences d'intelligence individuelle, Alfred Binet, directeur du tout nouveau laboratoire de psychologie de la Sorbonne, proposa d'appliquer des méthodes « psychologiques », dans les années 1900.

Jusque-là, la psychologie avait plutôt été du domaine de la philosophie que de celui de la médecine ou de la science en général. Alfred Binet contribua à en faire une science à part. En 1904, il fut chargé par le ministère de l'Instruction publique de mettre au point une méthode de dépistage des enfants ayant des difficultés d'apprentissage, afin de leur permettre de bénéficier d'un enseignement spécialisé.

QU'EST-CE QUE LE QI ?

Binet mit au point une batterie de tests, basés sur des problèmes rencontrés dans la vie quotidienne (compter des pièces de monnaies, par exemple) et qui, pour lui, faisaient appel à des processus fondamentaux de raisonnement. « *Peu importent les tests eux-mêmes, pourvu qu'ils soient nombreux.* » Il espérait qu'en mélangeant un nombre suffisamment varié d'épreuves, on pourrait en déduire les potentialités générales d'un enfant. La version finale de son outil (1908) établissait les critères utilisés dans ce que l'on appelle aujourd'hui le QI. Chaque épreuve correspondait à un niveau d'âge, défini comme l'âge le plus jeune auquel un enfant d'intelligence normale devait être capable d'accomplir celle-ci avec succès. Les enfants auxquels le test était proposé commençaient par répondre aux épreuves correspondant à l'âge le plus jeune et poursuivaient la série jusqu'à ce qu'ils ne puissent plus répondre. L'âge correspondant à ces dernières épreuves était donc censé correspondre à leur « âge mental » et leur niveau intellectuel général était calculé en soustrayant leur âge mental de leur âge véritable. Ainsi le ministère pouvait-il repérer les enfants ayant des difficultés et les diriger vers des filières d'enseignement spécialisé.

Comme nous l'avons vu, l'objectif principal de Binet était de mettre au point un outil pratique de repérage des enfants souffrant de difficultés scolaires (la scolarité avait été déclarée obligatoire à peine vingt ans plus tôt). Mais pour lui, « *cette échelle permet[tait], non pas à proprement parler la mesure de l'intelligence – car les qualités intellectuelles ne se mesurent pas comme des longueurs, elles ne sont pas superposables* ». L'intelligence était pour lui trop complexe pour qu'un seul nombre puisse la définir une fois pour toutes. Le but de sa méthode était bien de détecter afin d'apporter de l'aide et non de cataloguer pour imposer des limitations. De plus, Alfred Binet craignait par-dessus tout ce qu'on appellera plus tard la « *prédiction autoréalisatrice* ». Plaquer une étiquette sur quelqu'un nous entraîne souvent à agir d'une certaine façon avec lui et lui-même finit souvent par se comporter comme nous l'avions « prévu ».

Les travaux de Binet furent pourtant totalement détournés, pour aboutir à l'invention de ce qui allait devenir le QI que l'on connaît aujourd'hui et qui n'a plus guère d'autre objectif que de classer les individus.

D'OÙ VIENNENT NOS DIFFÉRENCES ?

Qu'est-ce qui explique ces différentes façons d'interpréter la réalité et d'agir ? Pour mieux comprendre les hypothèses actuelles, partons d'une histoire vraie, vieille d'un peu plus de 120 ans.

Le personnage principal de cette histoire s'appelle Phinéas P. Gage. Né en 1823, il a, très jeune, la responsabilité d'équipes d'ouvriers pour la construction de lignes de chemin de fer dans le Vermont, en Nouvelle-Angleterre. Jusqu'à l'âge de 25 ans, il est très apprécié par ses employeurs qui le trouvent « *le plus compétent et efficace* » de tous ceux qui sont à leur service. Dans son livre *L'Erreur de Descartes* (éditions Odile Jacob, « Poche/essai »), Antonio Damasio précise que la tâche confiée à Phinéas P. Cage « *demande à la fois performance physique et capacité de concentration, notamment quand il s'agit de faire sauter les mines. Celles-ci requièrent d'être préparées en plusieurs étapes obéissant à un ordre précis. Il faut d'abord creuser un trou dans le rocher.*

Après l'avoir rempli à moitié de poudre, on y insère une mèche, et on le bourre avec du sable. Ce dernier doit être tassé au moyen d'une tige de fer actionnée en une série de coups bien calculés. Pour finir, on allume la mèche et, si tout va bien, l'explosion se produit au sein de la roche. Le bourrage de sable est essentiel, car s'il est mal fait, les gaz issus de la combustion de la poudre s'épancheront hors de la roche sans la briser. La forme de la barre de fer et la façon dont on la manipule sont aussi essentielles. »

Par ce chaud après-midi d'été de 1848, distrait, Phinéas P. Gage bourre la poudre avec la barre de fer, avant même que son aide l'ait recouverte de sable. Aussitôt, c'est l'explosion. La barre de fer est éjectée dans un assourdissant sifflement de lancement de fusée et vient se loger dans la joue gauche de notre héros, puis ressort par le sommet de son crâne, arrachant au passage un peu de tissu cérébral, qu'elle entraîne vingt mètres plus loin.

Un miracle peut en cacher un autre

Dans un premier temps, les journaux crient au miracle. En effet, malgré la violence du choc et un orifice ouvert de plus de trois centimètres dans le crâne (« *J'ai aperçu sa blessure à la tête, avant même d'être descendu de voiture ; les pulsations du cerveau y étaient très visibles* » écrira plus tard le docteur Williams), Phinéas n'a à aucun moment perdu conscience et semble se comporter de manière totalement rationnelle. Survivre à une aussi grave blessure à la tête, ainsi qu'être capable de parler, de marcher et de rester lucide immédiatement après l'accident, est en effet surprenant. « *Je l'ai pansé. Dieu l'a guéri* » dira encore le médecin.

Pourtant, le côté miraculeux de sa guérison va vite être éclipsé par l'extraordinaire changement de personnalité de Phinéas P. Gage. Bien que ne présentant aucune séquelle d'ordre physique, hormis la perte de son œil gauche, il devient « *d'humeur changeante ; irrévérencieux ; proférant parfois les plus grossiers jurons (ce qu'il ne faisait jamais auparavant) ; ne manifestant que peu de respect pour ses amis ; supportant difficilement les contraintes ou les conseils, lorsqu'ils* [viennent] *contrecarrer ses désirs ; s'obstinant parfois de façon persistante ; cependant capricieux et inconstant ; formant quantité de projets aussitôt abandonnés. Se comportant comme un enfant, il* [a] *néanmoins les pulsions animales d'un homme vigoureux* », comme le décrit le docteur Harlow, qui l'a suivi. A tel point que Phinéas P. Gage perdra toute vie sociale et finira dans la misère après un passage comme attraction dans un cirque.

A la même époque, plusieurs chercheurs, dont le Français Paul Broca, émettent l'hypothèse que certaines zones du cerveau sont spécialisées dans certaines fonctions. Ces travaux aboutissent, entre autres, à la fameuse théorie du cerveau gauche et du cerveau droit. Comme le montre l'illustration « La géographie du cerveau », les hémisphères gauche et droit du cerveau ont chacun des fonctions bien spécifiques. A chaque instant, le cerveau gauche enregistre, comprend et utilise les fonctions verbales, séquentielles, etc. Le cerveau droit, lui, enregistre et comprend le global, l'intuitif, etc. Une intense activité d'échange entre les deux parties du cerveau par le biais du corps calleux (incroyable réseau de neurones qui fait la liaison entre les deux parties du cerveau) permet à celui-ci de conceptualiser complètement une idée, un objet, etc.

Face externe de l'hemisphère gauche

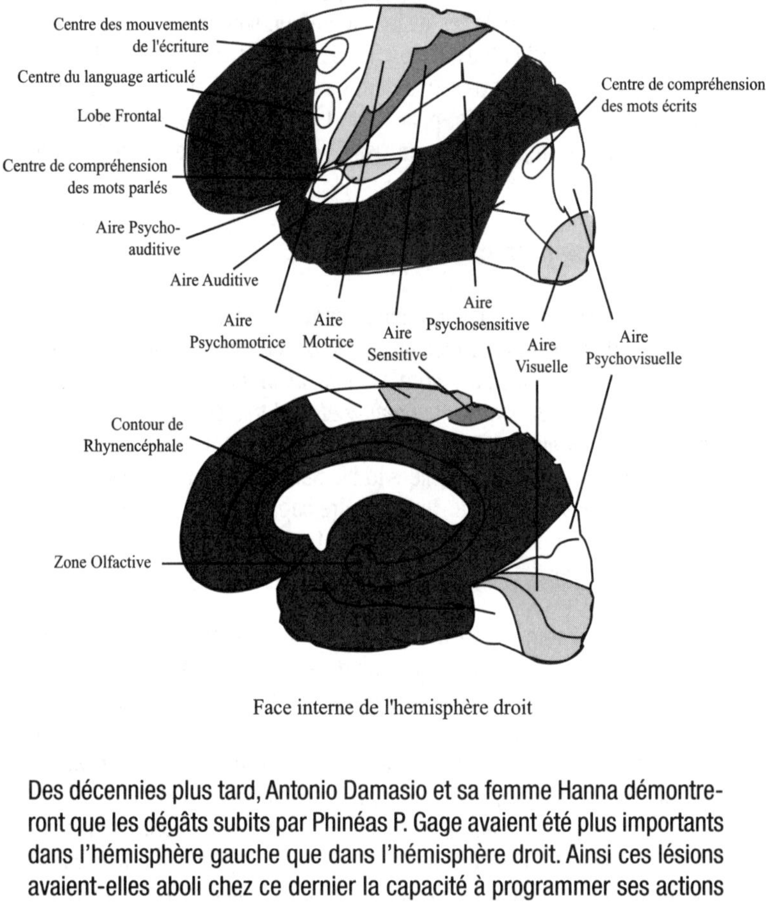

Face interne de l'hemisphère droit

Des décennies plus tard, Antonio Damasio et sa femme Hanna démontreront que les dégâts subits par Phinéas P. Gage avaient été plus importants dans l'hémisphère gauche que dans l'hémisphère droit. Ainsi ces lésions avaient-elles aboli chez ce dernier la capacité à programmer ses actions dans l'avenir, à se conduire en fonction de règles sociales qu'il avait apprises antérieurement et à faire des choix susceptibles d'être les plus avantageux pour sa survie. La comparaison de ce cas historique avec les malades traités par Damasio et son équipe permit ensuite de démontrer qu'un individu ayant subi de graves lésions au cerveau pouvait très bien réussir les tests classiques d'intelligence et même obtenir un QI élevé. Cela ne l'empêchait par ailleurs pas de souffrir de graves troubles du comportement social.

LA THÉORIE DE HOWARD GARDNER

C'est dans la lignée des recherches sur le cerveau que Howard Gardner, professeur de neurologie et psychologue cognitiviste à l'université de Harvard et à l'université de Boston aux Etats-Unis, a mis au point sa théorie dite des intelligences multiples (IM).

Dans son étude sur les capacités des êtres humains, Gardner a établi des critères qui permettent d'identifier si un talent correspond à une forme d'intelligence. Chaque type d'intelligence doit posséder un trait de développement, être observable chez certaines populations tels les prodiges ou les « idiots savants », fournir une évidence de localisation dans le cerveau et pouvoir être symbolisé dans un système.

Alors que la plupart des gens possèdent le spectre entier des intelligences, chaque individu démontre des traits distinctifs personnels sur le plan cognitif. Nous possédons ainsi une quantité variable de chacune des huit intelligences. Nous les combinons et les utilisons de diverses façons qui nous sont très personnelles. Réduire le comportement des êtres humains à la prépondérance des intelligences linguistique et mathématique, comme le fait le QI, minimise l'importance des autres formes d'acquisition du savoir. C'est ainsi que de nombreux étudiants qui n'arrivent pas à démontrer les intelligences académiques traditionnelles développent une faible estime d'eux-mêmes et leurs richesses peuvent ainsi demeurer inexploitées et perdues pour eux-mêmes et pour la société.

Non seulement les recherches de Gardner ont révélé une gamme plus étendue d'intelligences humaines que ce que nous croyions précédemment, mais elles ont aussi généré une définition pratique et novatrice du concept d'intelligence. Au lieu de voir « l'intelligence humaine » en termes de score à un test standardisé, Gardner la définit ainsi :

- la capacité de résoudre les problèmes que chacun rencontre dans la vraie vie ;
- la capacité de générer de nouveaux problèmes et de les résoudre ;
- la capacité de réaliser quelque chose ou d'offrir un service qui en vaut la peine dans la culture de celui qui le fait.

LES DIFFÉRENTES FORMES D'INTELLIGENCE

Nous avons tous au moins huit formes d'intelligence, toutes différentes. Trois ou quatre d'entre elles sont généralement plus développées que les autres. Ainsi, aujourd'hui, la question n'est plus de savoir si l'on est intelligent et dans quelle mesure, mais de connaître ses propres formes dominantes d'intelligence. Voici un premier survol des huit formes d'intelligence proposées par la théorie de Howard Gardner.

Description	Aptitudes spécifiques	Principales caractéristiques
1. Verbale/linguistique Capacité d'utiliser les mots efficacement, oralement ou par écrit  	Sensibilité aux sons, aux structures, à la signification et aux fonctions des mots et du langage	• Apprend à travers les mots (pense en mots et non en images) • Aime parler, écrire et expliquer • Comprend les consignes • Bonne mémoire • Sens de l'humour • Sens de la syntaxe, sensible au sens des mots, au bon usage • Sensible aux sons, à la rythmique des mots • Convaincant • Vocabulaire étendu

Description	Aptitudes spécifiques	Principales caractéristiques
2. Logique/mathématique Capacité d'utiliser les nombres efficacement et de bien raisonner 	• Sensibilité aux modèles logiques ou numériques et aptitude à les différencier • Aptitude à soutenir de longs raisonnements	• Recherche un modèle lors de la résolution de problèmes • Crée des standards • Pensée déductive et inductive • A l'aise avec l'abstrait, les symboles et les signes mathématiques • Distingue les relations et les connexions • Raisonnement scientifique • Réalise des calculs complexes • Reconnaît les problèmes impliquant la logique • Tout doit s'expliquer par la logique

Description	Aptitudes spécifiques	Principales caractéristiques
3. Visuelle/spatiale Capacité de bien percevoir le monde, de se faire une image mentale juste des choses 	Aptitude à percevoir correctement le monde spatiovisuel et à y apporter des transformations	• Apprend par l'image, les graphiques, les illustrations, l'art • Crée des images mentales • Recherche l'équilibre et l'harmonie • Perçoit les relations entre les objets • Perception correcte des objets et de l'espace selon différentes positions • Imagination fertile, perçoit des sensations en l'absence d'objets • Se situe dans l'espace • Manipule les images • Perçoit par le biais des formes, des couleurs, des textures, des designs • Visuel pur

Description	Aptitudes spécifiques	Principales caractéristiques
4. Interpersonnelle Capacité à être en empathie avec les autres 	Aptitude à discerner l'humeur, le tempérament, la motivation et le désir des autres personnes et à y répondre correctement	• Aime la vie de groupe, sociable • Travail en coopération • Intérêt communautaire • Voit les choses d'un autre point de vue • Distingue les éléments • Communication verbale et non verbale • Crée et maintient la synergie • Sensible aux « humeurs » et aux motivations des autres • Forme d'intelligence intégratrice tournée vers les autres • Habileté à comprendre et à interagir avec les autres • Besoin des autres pour apprendre

Description	Aptitudes spécifiques	Principales caractéristiques
5. Intrapersonnelle Capacité de se comprendre et d'utiliser cette compréhension pour mieux vivre 	• Aptitude à accéder à ses propres sentiments et à reconnaître ses émotions • Connaissance de ses propres forces et faiblesses	• Aime le travail individuel • Travail portant sur soi ou à partir de soi • Aime apprendre à apprendre • Concentration, autodiscipline • Sens de l'autocritique, l'échec fait mal • Pensée et raisonnement articulés • Forme d'intelligence intégratrice tournée vers soi • Différents états de conscience (spirituel, intuitif, intérieur) • Capacité de se comprendre, de se former une représentation de soi fidèle et précise et de l'utiliser efficacement dans la vie. • Introverti ayant besoin d'être mis en confiance • Travail solitaire

Description	Aptitudes spécifiques	Principales caractéristiques
6. Corporelle/ kinesthésique Capacité d'apprendre par la pratique, de bien manipuler les objets, d'utiliser le corps pour exprimer ses émotions 	Aptitude à maîtriser les mouvements de son corps et à manipuler des objets avec soin	• Engagement physique dans la résolution d'un problème • Ne lit pas les consignes, agit • Utilise l'expression corporelle • Lien fort entre corps et esprit • Apprend par le biais des sensations corporelles • Communique par et avec le geste • Exploration corporelle (touche, manipule, déplace) • Contrôle des mouvements volontaires • Automatisation de certains mouvements

Description	Aptitudes spécifiques	Principales caractéristiques
7. Musicale Capacité de comprendre la musique et de s'exprimer par elle. 	• Aptitude à produire et à apprécier un rythme, une tonalité et un timbre • Appréciation des formes d'expression musicale	• Etudie plus facilement lorsque la leçon est musicale ou rythmée • Intuition basée sur le son, perception naturelle • Sensible aux sons, aux tonalités et à leurs caractéristiques • Comprend la structure musicale • Recherche les schémas musicaux • Reproduit, reconnaît ou crée des mélodies ou des rythmes • Auditif pur

Description	Aptitudes spécifiques	Principales caractéristiques
8. Naturaliste Capacité de comprendre, de classer et d'expliquer la nature 	Aptitude à discerner l'organisation du vivant	• Aime mettre les choses en lien avec l'environnement • Sensibilité aux modifications de l'environnement • Perception sensorielle élevée • Liens forts avec la nature, les animaux, les phénomènes naturels • Sens de l'organisation et discernement du vivant et de la nature en général ; catalogage et classification, s'applique par extension à la culture et à différents secteurs • Intelligence qui a permis (permet) à l'homme de survivre

Mode d'emploi

Voici une liste de 112 questions sur les différents aspects des intelligences multiples. Pour chacune de ces questions, vous devez donner une réponse allant de 1 à 6 suivant que l'énoncé de la question correspond ou non à ce que vous pensez être la manière de raisonner ou d'agir de votre enfant. Trouvez, chaque fois que possible, des exemples qui confirmeront mentalement votre réponse. Reportez-vous ensuite aux résultats.

QUIZ : LES DIFFÉRENTES INTELLIGENCES DE VOTRE ENFANT

Howard Gardner souligne que les différentes intelligences sont toutes éducables. Avec le QI, vous avez ou n'avez pas tout bon dès la naissance. Ensuite, la progression est bien sûr possible, mais pour les seuls élus : ceux qui, ayant un « bon QI », pourront assimiler un enseignement, d'ailleurs le plus souvent fait sur mesure pour eux (il n'est qu'à observer le système des grandes écoles en France pour s'en persuader sans grande difficulté).
Le quiz et le petit jeu qui suivent vont donc vous aider non seulement à mieux comprendre les différentes formes d'intelligence de votre enfant, mais également à connaître de manière plus concrète ses points faibles et l'aider, le cas échéant, à s'améliorer.

Questionnaire

1. Il/elle aime écrire et raconter des histoires.
Non 1 2 3 4 5 6 Oui
2. Il/elle joue ou aimerait jouer d'un instrument de musique.
Non 1 2 3 4 5 6 Oui
3. Il/elle passe beaucoup de son temps libre à dessiner.
Non 1 2 3 4 5 6 Oui
4. Il/elle a plusieurs bon(ne)s ami(e)s.
Non 1 2 3 4 5 6 Oui
5. Il/elle aime comprendre comment les choses fonctionnent.
Non 1 2 3 4 5 6 Oui
6. Il/elle est très fort(e) en calcul mental.
Non 1 2 3 4 5 6 Oui
7. Il/elle est très bon(ne) en sport.
Non 1 2 3 4 5 6 Oui
8. Il/elle se rappelle facilement d'une mélodie.
Non 1 2 3 4 5 6 Oui
9. Il/elle est très visuel(le).
Non 1 2 3 4 5 6 Oui
10. Il/elle aime faire des mathématiques.
Non 1 2 3 4 5 6 Oui
11. Il/elle a une très bonne oreille.
Non 1 2 3 4 5 6 Oui
12. Il/elle est très indépendant(e) et tient à ses idées.
Non 1 2 3 4 5 6 Oui
13. Il/elle aime raconter des blagues.
Non 1 2 3 4 5 6 Oui
14. Il/elle lit sans difficulté les cartes, les tableaux de chiffres et les diagrammes.
Non 1 2 3 4 5 6 Oui

15. Il/elle aime sortir pour voir des amis.
Non 1 2 3 4 5 6 Oui
16. Il/elle est quelqu'un de plutôt populaire.
Non 1 2 3 4 5 6 Oui
17. Il/elle a une bonne mémoire des noms de personnes, de lieux et des dates.
Non 1 2 3 4 5 6 Oui
18. Il/elle aime bien jouer au Scrabble® (ou équivalent).
Non 1 2 3 4 5 6 Oui
19. Il/elle chante juste.
Non 1 2 3 4 5 6 Oui
20. Il/elle remue, bouge, tapote ou gigote lorsqu'il/elle est assis(e).
Non 1 2 3 4 5 6 Oui
21. Il/elle rêvasse souvent dans la journée.
Non 1 2 3 4 5 6 Oui
22. Il/elle aime tout ce qui se rapporte à l'art.
Non 1 2 3 4 5 6 Oui
23. Il/elle écoute chaque jour de la musique.
Non 1 2 3 4 5 6 Oui
24. Il/elle aime travailler sur son ordinateur.
Non 1 2 3 4 5 6 Oui
25. Il/elle sent lorsqu'une personne est en colère, triste ou joyeuse.
Non 1 2 3 4 5 6 Oui
26. Il/elle pressent souvent ce qui va arriver.
Non 1 2 3 4 5 6 Oui
27. Il/elle aime avoir une chambre bien rangée.
Non 1 2 3 4 5 6 Oui
28. Il/elle réagit fortement aux opinions controversées.
Non 1 2 3 4 5 6 Oui
29. Il/elle s'interroge beaucoup sur les origines de l'univers.
Non 1 2 3 4 5 6 Oui
30. Il/elle aime beaucoup danser.
Non 1 2 3 4 5 6 Oui
31. Il/elle est plutôt doué(e) pour dessiner des objets ou des personnages.
Non 1 2 3 4 5 6 Oui
32. Il/elle adore imiter les gestes, les manières et les comportements d'autres personnes.
Non 1 2 3 4 5 6 Oui
33. Il/elle aime beaucoup la lecture.
Non 1 2 3 4 5 6 Oui
34. Il/elle joue aux échecs ou à d'autres jeux stratégiques et il/elle gagne souvent.
Non 1 2 3 4 5 6 Oui
35. La musique semble l'aider à étudier ou travailler.
Non 1 2 3 4 5 6 Oui

36. Avant de se décider à quelque chose, il/elle pèse le pour et le contre.
Non 1 2 3 4 5 6 Oui
37. Il/elle vérifie si les autres comprennent ce qu'il/elle leur dit.
Non 1 2 3 4 5 6 Oui
38. Il/elle semble assez conscient(e) de ses changements d'humeur.
Non 1 2 3 4 5 6 Oui
39. Il/elle pratique plusieurs activités sportives.
Non 1 2 3 4 5 6 Oui
40. Il/elle a plutôt une bonne orthographe.
Non 1 2 3 4 5 6 Oui
41. Il/elle peut passer des heures à tenter de résoudre des problèmes.
Non 1 2 3 4 5 6 Oui
42. Il/elle a de nombreux projets qui lui tiennent à cœur.
Non 1 2 3 4 5 6 Oui
43. Il/elle aime monter ou démonter des objets.
Non 1 2 3 4 5 6 Oui
44. Il/elle aime beaucoup parler des choses auxquelles il/elle croit.
Non 1 2 3 4 5 6 Oui
45. Il/elle aime collectionner, classer, organiser les choses.
Non 1 2 3 4 5 6 Oui
46. Il/elle apprécie les jeux de mots.
Non 1 2 3 4 5 6 Oui
47. Il/elle aime faire des expériences de nature scientifique.
Non 1 2 3 4 5 6 Oui
48. Il/elle aime toucher ou manipuler ce qu'il/elle voit.
Non 1 2 3 4 5 6 Oui
49. Il/elle collectionne des CD.
Non 1 2 3 4 5 6 Oui
50. Il/elle est attentif(ve) lorsqu'on lui raconte quelque chose.
Non 1 2 3 4 5 6 Oui
51. Il/elle aime danser sur une musique rythmée.
Non 1 2 3 4 5 6 Oui
52. Il/elle aime se retrouver seul(e) et se consacrer à des projets personnels.
Non 1 2 3 4 5 6 Oui
53. Il/elle aime toucher ou manipuler ce qu'il/elle voit.
Non 1 2 3 4 5 6 Oui
54. Il/elle aime aider ses ami(e)s dans le besoin.
Non 1 2 3 4 5 6 Oui
55. Il/elle aime visionner des films et regarder des photographies.
Non 1 2 3 4 5 6 Oui
56. Il/elle aime se donner des buts.
Non 1 2 3 4 5 6 Oui
57. Il/elle a besoin de toucher les gens lorsqu'il/elle leur parle.
Non 1 2 3 4 5 6 Oui

58. Il/elle se rappelle facilement des mélodies ou des chansons qu'il/elle entend.

Non 1 2 3 4 5 6 Oui

59. Il/elle lit beaucoup et souvent.

Non 1 2 3 4 5 6 Oui

60. Il/elle s'adonne à des activités physiques de manière régulière.

Non 1 2 3 4 5 6 Oui

61. Il/elle se promène souvent avec un casque sur les oreilles pour écouter de la musique.

Non 1 2 3 4 5 6 Oui

62. Il/elle s'amuse ou se distrait souvent en griffonnant sur des feuilles ou sur des pages de livres.

Non 1 2 3 4 5 6 Oui

63. Il/elle est plutôt débrouillard(e).

Non 1 2 3 4 5 6 Oui

64. Il/elle organise souvent des activités pour son entourage.

Non 1 2 3 4 5 6 Oui

65. Il/elle travaille très bien seul(e).

Non 1 2 3 4 5 6 Oui

66. Il/elle aime pêcher et suivre les animaux à la trace.

Non 1 2 3 4 5 6 Oui

67. Il/elle s'occupe très bien des jeunes enfants.

Non 1 2 3 4 5 6 Oui

68. Il/elle aime lire des bandes dessinées ou des livres illustrés.

Non 1 2 3 4 5 6 Oui

69. Il/elle parle souvent de jeux vidéo ou d'histoires d'horreur.

Non 1 2 3 4 5 6 Oui

70. Il/elle fredonne fréquemment des chansons.

Non 1 2 3 4 5 6 Oui

71. Il/elle participe à des activités extrascolaires (associations d'élèves, clubs sportifs, etc.).

Non 1 2 3 4 5 6 Oui

72. Il/elle aime résoudre des problèmes compliqués.

Non 1 2 3 4 5 6 Oui

73. Il/elle se rappelle facilement de ce qu'il/elle a lu.

Non 1 2 3 4 5 6 Oui

74. Il/elle connaît différents genres de musiques.

Non 1 2 3 4 5 6 Oui

75. Il/elle chante dans une chorale.

Non 1 2 3 4 5 6 Oui

76. Il/elle est assez doué(e) en arts plastiques (dessin, peinture, etc.).

Non 1 2 3 4 5 6 Oui

77. Il/elle aime toucher les objets en toute occasion.

Non 1 2 3 4 5 6 Oui

78. Il est celui/celle que l'on consulte dès qu'il y a un conflit dans la famille.

Non 1 2 3 4 5 6 Oui

79. Il/elle a plutôt un bon niveau de confiance en lui/elle.
Non 1 2 3 4 5 6 Oui
80. Il/elle est entreprenant(e).
Non 1 2 3 4 5 6 Oui
81. Il/elle est capable de suivre la mesure d'un morceau de musique.
Non 1 2 3 4 5 6 Oui
82. Il/elle décide par lui/elle-même de ce qu'il/elle doit penser, de ce qu'il/elle a à faire, de sa façon de s'habiller.
Non 1 2 3 4 5 6 Oui
83. Il/elle aime bavarder sur tout et sur rien.
Non 1 2 3 4 5 6 Oui
84. Il/elle adore faire des mots croisés.
Non 1 2 3 4 5 6 Oui
85. Il/elle aime jouer aux cartes ou aux jeux de société.
Non 1 2 3 4 5 6 Oui
86. Il/elle a une capacité de lecture rapide.
Non 1 2 3 4 5 6 Oui
87. Il/elle a tendance à expliquer ce qu'il/elle a ressenti en mimant l'action.
Non 1 2 3 4 5 6 Oui
88. Il/elle aime résoudre des énigmes.
Non 1 2 3 4 5 6 Oui
89. Il/elle a un don pour disposer ou décorer les objets.
Non 1 2 3 4 5 6 Oui
90. Il/elle se sent plus motivé(e) quand il/elle se sent indépendant(e) dans son travail.
Non 1 2 3 4 5 6 Oui
91. Il/elle complète tous les problèmes avant d'aller regarder les solutions.
Non 1 2 3 4 5 6 Oui
92. Il/elle aime concevoir de nouveaux gadgets.
Non 1 2 3 4 5 6 Oui
93. Il/elle se souvient assez facilement des messages qui lui sont confiés.
Non 1 2 3 4 5 6 Oui
94. Il/elle trouve plaisir à dessiner des formes géométriques.
Non 1 2 3 4 5 6 Oui
95. Il/elle s'exprime avec un vocabulaire assez riche.
Non 1 2 3 4 5 6 Oui
96. Il/elle connaît les mélodies de plusieurs chansons.
Non 1 2 3 4 5 6 Oui
97. Il/elle trouve facilement les failles dans les raisonnements des autres.
Non 1 2 3 4 5 6 Oui
98. Il/elle aime s'exprimer dans les discussions de famille.
Non 1 2 3 4 5 6 Oui

99. Il/elle a beaucoup de considération pour les sentiments des autres.

Non 1 2 3 4 5 6 Oui

100. Il/elle pense qu'il/elle saurait survivre plusieurs jours en forêt.

Non 1 2 3 4 5 6 Oui

101. Il/elle aime beaucoup les animaux.

Non 1 2 3 4 5 6 Oui

102. Il/elle aime découvrir tout ce qui touche aux plantes ou aux animaux, il/elle aime comparer.

Non 1 2 3 4 5 6 Oui

103. Il/elle reconnaît les espèces animales avec beaucoup de facilité.

Non 1 2 3 4 5 6 Oui

104. Il/elle aime beaucoup faire des travaux qui permettent de classer et d'organiser des informations, surtout sur des thèmes liés à la nature.

Non 1 2 3 4 5 6 Oui

105. Il/elle collectionne ou aimerait collectionner des insectes ou des papillons.

Non 1 2 3 4 5 6 Oui

106. Il/elle aime la contemplation (de la nature, des animaux, etc.).

Non 1 2 3 4 5 6 Oui

107. Il/elle aime beaucoup la biologie.

Non 1 2 3 4 5 6 Oui

108. Il/elle contribue activement à la protection de l'environnement.

Non 1 2 3 4 5 6 Oui

109. Il/elle aime effectuer des fouilles et découvrir des objets inhabituels.

Non 1 2 3 4 5 6 Oui

110. Il/elle aime faire des plantations et prendre soin du jardin ou des plantes de l'appartement.

Non 1 2 3 4 5 6 Oui

111. La meilleure façon d'apprendre pour lui/elle est d'aller en excursion, de voir des expositions sur la nature, etc.

Non 1 2 3 4 5 6 Oui

112. Il/elle a une collection de coquillages, de tasses, de pierres, de cartes documentées, etc.

Non 1 2 3 4 5 6 Oui

Mode d'emploi

Donnez une note de 1 à 8 pour exprimer le degré de ressemblance du personnage décrit avec votre enfant. N'hésitez pas à apporter des commentaires.

Le jeu des huit personnages

Voici la description de huit personnages. Lesquels ressemblent le plus à votre enfant et lesquels ne lui ressemblent pas ?

Le personnage	Ressemble-t-il à votre enfant ? (note de 1 à 8)
Benoît aime jouer avec les mots et il est très doué en histoire. Benoît adore parler. Lire et écrire est particulièrement important pour lui. Dans les cours de langue, il se plaît à raconter des histoires, à répéter des phrases compliquées, à la limite de l'imprononçable, et à jouer sur les mots ayant une signification différente d'une langue à l'autre. Il aime mémoriser des poèmes ou de longs récits à rebondissements. Il préfère les matières comme l'histoire, la géographie et la philosophie, plutôt que les mathématiques ou les sciences. Il est souvent assez fier de ce qu'il fait.	
Arnaud aime résoudre les problèmes compliqués. Arnaud aime les mathématiques et les sciences, qui sont ses matières favorites. Il aime comprendre et apprendre en permanence. Il pose souvent des questions pointues sur la manière dont fonctionnent les choses. Il est très fort en calcul mental et très habile en informatique. Il est plutôt indépendant.	
Joyce a toujours une idée d'avance. Joyce est une très bonne joueuse d'échecs et de dames. Elle se perd souvent dans ses rêves et ce, quel que soit l'endroit où elle se trouve. Elle aime apprendre à partir d'images ou de schémas. Quand elle expose ses idées, elle est souvent elliptique, mais on sent qu'elle dispose d'une véritable carte intérieure qui lui permet de visualiser toutes les étapes et les conséquences de son idée.	

Le personnage	Ressemble-t-il à votre enfant ? (note de 1 à 8)
Louis est toujours en mouvement. Louis joue dans l'équipe de football de son université et fait un footing chaque matin. Dès qu'il le peut, il s'évade pour faire de la randonnée. Il aime démonter les petits appareils pour mieux comprendre leur fonctionnement. Il n'est pas toujours très causant et est très indépendant.	
Michaël, le roi de la « zique ». Michaël est capable de reconnaître n'importe quel morceau de musique rien qu'en écoutant les premières notes. Il joue de plusieurs instruments et n'a pas son pareil pour trouver les bonnes harmonies pour une mélodie. Il chantonne et fredonne à longueur de journée. Lorsqu'il doit réaliser un devoir difficile, il aime écouter de la musique en même temps. Il est, de manière générale, très doué pour reconnaître et classer les sons.	
Félix, le vrai pote. Presque chaque année, Félix est élu par les élèves représentant de la classe, à la quasi-majorité. Il est débrouillard et sait toujours trouver des solutions pour faciliter la vie du groupe. Il est chaleureux, attentif aux autres et déteste les brouilles et les disputes. C'est un ami fidèle qui n'oublie jamais les copains et qui est toujours là pour aider ceux qui rencontrent des problèmes. Il est très populaire.	

Le personnage	Ressemble-t-il à votre enfant ? (note de 1 à 8)
François, le sphinx. François préfère travailler seul et, de manière générale, il aime la solitude. C'est quelqu'un de tranquille, d'un peu à part et qui n'a pas beaucoup d'amis. Il est particulièrement indépendant et n'imite que très rarement les autres. Il semble savoir exactement ce qu'il veut et ce qu'il aime. Il s'habille et se comporte à sa façon, sans trop se soucier des autres.	
Florence, l'écolo de la famille. Florence aime tout particulièrement la nature. Elle aime l'observer dans toutes ses manifestations, de la flore aux animaux, en passant, bien sûr, par les humains. Elle aime lister, regrouper, sélectionner et organiser les données et les informations. Elle est souvent très douée pour théoriser à partir de ses observations de phénomènes.	

Calculez vos résultats

Voici la liste des items se rapportant aux différentes réponses du premier quiz. Comptez le nombre de points attribués à chacune des intelligences. Puis, en cumulant ces résultats avec ceux donnés au jeu des huit personnages, construisez un histogramme, tel l'exemple ci-dessous. Apparaîtra ainsi l'image comparative du positionnement de votre enfant sur chacune des huit intelligences.

Questionnaire

Intelligence verbale	Intelligence logique	Intelligence musicale	Intelligence spatiale	Intelligence corporelle	Intelligence inter-personnelle	Intelligence intra-personnelle	Intelligence naturaliste
1	5	2	3	7	4	12	99
13	6	8	9	20	15	25	100
17	10	11	14	30	16	26	101
18	24	19	21	32	38	28	102
33	29	23	22	39	53	42	103
40	34	35	27	43	62	44	104
46	36	49	31	48	63	52	105
50	37	57	55	51	66	54	106
58	41	60	61	56	70	64	107
65	45	69	67	59	77	78	108
72	47	73	83	68	82	79	109
85	71	74	88	75	84	81	110
92	87	80	91	76	97	89	111
94	96	95	93	86	98	90	112
Total sur 84 (6x14) =							

Jeu des huit personnages

Benoît	**Verbal/linguistique**	**Total sur 8 =**
Arnaud	**Logique/mathématique**	
Joyce	**Visuelle/spatiale**	
Louis	**Kinesthésique**	
Michaël	**Musical**	
Félix	**Interpersonnel**	
François	**Intrapersonnel**	
Florence	**Naturaliste**	

Totalisez les résultats obtenus au quiz et au jeu des personnages (total sur 84 + 8 = 92 par type d'intelligence).

L'histogramme de vos résultats

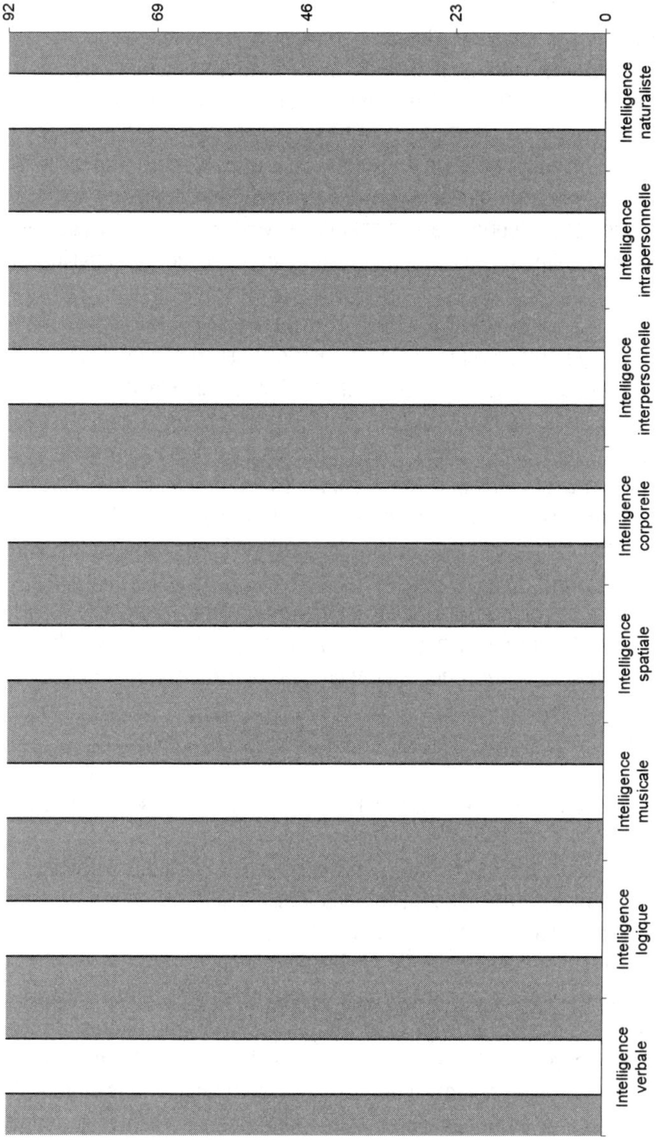

Comment aider votre enfant à utiliser toutes ses intelligences et à en développer d'autres ?

Vous avez désormais une idée plus précise des dominantes et des talents intellectuels de votre enfant. Etes-vous d'ailleurs vraiment surpris du résultat ? En fait, nous avons une idée assez exacte des talents de nos enfants, mais nous avons souvent besoin d'une confirmation venant de l'extérieur. Au-delà de cette entreprise de « réassurance », cette théorie des intelligences multiples et tous les travaux menés dans de nombreux pays sur cette théorie me permettent de vous proposer un outil avec lequel vous allez pouvoir apprendre à vous servir de vos intelligences dominantes.

Il y a une génération au moins, la plupart des psychologues et les divers spécialistes de la pédagogie croyaient en l'existence de lois générales de l'apprentissage, de la perception, de la mémoire et de l'attention, applicables quel que soit le contenu des matières à apprendre. Comme l'écrit Howard Gardner, « *Chaque année qui passe fournit de nouvelles preuves des contraintes profondes qui pèsent sur l'esprit humain* [...] *Il est désormais établi avec certitude que les individus diffèrent les uns des autres par leurs profils intellectuels. L'éducation doit être conçue de manière à répondre à ces différences. Au lieu de les ignorer et de prétendre que tous possèdent (ou devraient posséder) le même type d'esprit, nous devrions au contraire assurer une éducation qui maximalise le potentiel de chacun.* » (*Les Intelligences multiples. Pour changer l'école : la prise en compte des différentes formes d'intelligence*, Retz, 1996)

Dans les pages qui suivent, je vous propose la synthèse de toutes les informations disponibles sur chacune des formes d'intelligence proposées par la théorie de Howard Gardner. Vous êtes bien sûr impatient de lire les deux ou trois descriptions des intelligences qui correspondent à celles dont votre enfant se rapproche le plus. Cependant, je vous conseille de lire l'ensemble des sept descriptions **(il manque en effet la huitième qui concerne l'intelligence naturaliste, qui a été créée plus récemment par Gardner et pour laquelle on manque encore d'informations détaillées)**. Il s'agit non seulement d'avoir une idée plus précise du profil de votre enfant, mais aussi de comprendre l'ensemble des comportements et des manières d'aborder le monde. Cela vous permettra de mieux appréhender la composition toute personnelle du « portefeuille d'intelligence » de votre enfant, constitué par ses différences qui sont autant de points forts, mais aussi autant de complémentarités possibles avec les autres.

Howard Gardner va d'ailleurs plus loin, en nous invitant à penser l'intelligence comme étant le plus souvent « *distribuée* » :

En même temps que nous réalisons petit à petit que l'intelligence ne pouvait pas être conceptualisée en dehors du contexte dans lequel les individus vivent, nous nous sommes rendu compte que l'intelligence existe dans une proportion significative hors des limites corporelles de l'individu. Pour être plus précis, la notion d'intelligence distribuée souligne le fait qu'il est rare, voire impossible, de trouver des individus productifs qui travaillent seuls, en n'utilisant que leur tête. En règle générale, les individus se servent de toutes sortes d'objets inanimés et de « prothèses » humaines. Ces entités s'intègrent si bien aux activités qu'il est raisonnable de les considérer comme partie intégrante de l'équipement intellectuel de l'individu. [...] L'intelligence provient en partie des nombreux individus auxquels une personne a recours pour résoudre des problèmes, prendre des décisions ou se souvenir de faits, de procédures ou de concepts importants. On la trouvera aussi dans toute une variété d'outils, qui vont du bloc-notes personnel comportant des informations sur un travail en cours jusqu'à l'ordinateur central qui a accès à des informations provenant du monde entier, via Internet par exemple.

En utilisant la terminologie classique, on pourrait tout simplement choisir de restreindre l'intelligence au contenu de l'esprit d'un individu, hors de toute prothèse, humaine ou non. Mais les défenseurs de la conception distribuée soutiennent que cet usage traditionnel entretient la confusion, dans la mesure où il sous-tend que le travail intellectuel serait un acte isolé. La démonstration la plus convaincante de la faiblesse de la conception conventionnelle se trouve dans l'expérience de pensée suivante : soustrayons un nourrisson à son milieu physique et social, ou le travailleur à son cadre professionnel, à ses collègues, à ses ordinateurs et à ses archives. Privé de ces supports, l'organisme devient effectivement « stupide ». De plus, même quand un individu semble en mesure de travailler seul, il s'appuie en fait sur les expériences et les compétences acquises dans un environnement distribué mais qui ont été, avec le temps, intériorisées et automatisées.

L'intelligence verbale/linguistique

La forme d'intelligence la plus présente dans notre société

L'intelligence linguistique, forme d'intelligence la plus présente dans notre société, concerne la capacité à transcrire sa pensée en mots, à utiliser le langage pour communiquer, à apprécier les règles liées à la communication. Cette facilité à jouer avec les mots et à exprimer des idées ouvre les portes à des domaines tels que la lecture, l'écriture, la narration de textes et la poésie.

Selon Gardner, l'acquisition de cette intelligence ne relève pas d'un processus général, mais d'une suite d'opérations reliées à la syntaxe et à la phonologie. Les fonctions pragmatiques et sémantiques requièrent, en plus, le recours à d'autres intelligences. Cela fait de l'intelligence langagière l'intelligence la plus complète.

Quelques caractéristiques

- Utilisation adéquate des mots.
- Bonne compétence verbale (syntaxe, phonologie, sémantique).
- Pragmatisme.

Quelques aspects comportementaux associés

- Expliquer un historique.
- Argumenter sur un sujet.
- Rédiger.
- Raconter une histoire.
- Diriger un débat.
- Faire un exposé.
- Inventer un slogan.

Comment reconnaît-on cette forme d'intelligence ?

On reconnaît particulièrement cette intelligence chez quelqu'un qui aime lire, qui parle facilement, aime raconter des histoires et en écouter, qui apprécie les jeux avec des mots (Scrabble®, mots croisés, etc.), les jeux de mots, les calembours. L'individu doué d'intelligence verbale/linguistique parle beaucoup, possède une bonne mémoire des dates et des noms, aime la diversité des voix et se rappelle facilement des histoires drôles.

Son positionnement

La plupart des systèmes d'enseignement reconnaissent cette intelligence. Si elle n'est pas suffisamment développée, on se trouve rapidement en situation d'échec scolaire. Les difficultés à transcrire sa pensée peuvent également créer le sentiment d'être incompris (en particulier face à ceux qui maîtrisent mieux cette intelligence) et engendrer des réactions de violence.

Points forts

- Apprend à travers les mots (pense en mots et non en images).
- Aime parler, écrire et expliquer.
- Comprend les consignes.
- Possède une bonne mémoire.
- A le sens de l'humour.
- A le sens de la syntaxe, est sensible au sens des mots, au bon usage.
- Est sensible aux sons, à la rythmique des mots.
- Est convaincant.
- Possède un vocabulaire étendu.

Pistes pour favoriser son expression

Faire des présentations, argumenter, persuader, prononcer des discours, jouer des rôles (avoir une activité théâtrale comme amateur, par exemple), dialoguer, écrire, faire des comptes rendus, amorcer la conversation, écouter des enregistrements et/ou la radio, lire (notamment des pièces de théâtre et des livres comportant beaucoup de dialogues), etc.

L'intelligence logicomathématique

L'intelligence liée à une vision rationnelle du monde

Henri Poincaré distinguait deux types d'aptitudes liées à cette forme d'intelligence. La première est la mémoire que l'on a des étapes permettant de construire un raisonnement. Cette aptitude est suffisante pour se rappeler et appliquer la plupart des raisonnements nécessaires au quotidien. La deuxième, la plus importante selon Poincaré, est la capacité d'évaluer la nature des liens entre les différentes propositions. Elle seule permet de recréer de toutes pièces un raisonnement pour en construire de nouveaux et/ou renouveler ceux déjà créés.

C'est pourquoi cette intelligence est la plus liée au désir de la découverte, au plaisir de l'investigation. Dans une conception élitiste et concurrentielle du système éducatif et de répartition des positions sociales, on ne s'étonnera plus de la survalorisation de cette intelligence.

Quelques caractéristiques

- Utilisation adéquate des nombres.
- Capacité à mettre en relation, à faire des abstractions, à émettre des conditions, des hypothèses.
- Facilité à catégoriser, classifier, inférer, généraliser.

Quelques aspects comportementaux associés

- Formuler des opérations mathématiques.
- Créer des jeux de stratégie.
- Utiliser des diagrammes pour expliquer.
- Démontrer par syllogisme.
- Expliquer par analogie.
- Réaliser des catégories.
- Aimer créer des patrons et des symétries.
- Sélectionner et utiliser les technologies utiles.

Comment reconnaît-on cette forme d'intelligence ?

Par l'habileté à résoudre les problèmes logiques. Les enfants qui en sont dotés posent fréquemment les questions « pourquoi » et « comment », aiment les raisonnements et savoir ce qui arrivera ensuite. Ils pensent en « étape » et en « séquence ».

Points forts

- Recherche un modèle lors de la résolution de problèmes.
- Crée des standards.
- Pensée déductive et inductive.
- A l'aise avec l'abstrait, les symboles et les signes mathématiques.
- Distingue les relations et les connexions.
- Raisonnement scientifique.
- Réalise des calculs complexes.
- Reconnaît les problèmes impliquant la logique.

Pistes pour en favoriser l'expression

Travailler sur ordinateur et développer des connaissances en informatique (participation à une activité extrascolaire de ce type), effectuer des opérations de classement, s'informer sur les sciences, lire des livres policiers, déchiffrer des codes, visiter les musées, etc.

L'intelligence corporelle/kinesthésique

Une intelligence du concret

Pour la psychologue Marianne Simmel, l'intelligence corporelle/kinesthésique apparaît particulièrement dans les mimes du grand Marcel Marceau : « *BIP* [personnage du mime Marceau, NDA] *traîne sa valise sur le quai, grimpe dans le train, vise une place assise et, avec grand effort, pousse sa valise dans le casier qui se trouve au-dessus de sa tête. Quand le train démarre, BIP est secoué sur son siège, tandis que sa valise quitte sa position précaire et tombe. Il s'arrange pour la rattraper et la replace ensuite avec soin sur la tablette. Le contrôleur arrive pour poinçonner son billet. BIP fouille dans ses poches et, de plus en plus désappointé, les retourne, tandis que le mouvement du train continue à le secouer. Il ne trouve toujours pas son billet et se met à chercher frénétiquement, inspectant tous les compartiments de sa valise.* »

L'intelligence corporelle proposée par le mime Marceau est une intelligence assez rare dans notre culture. Ce qui la caractérise, c'est l'aptitude à utiliser son corps avec dextérité. Zinedine Zidane en est un des représentants les plus talentueux. Beaucoup d'entre nous se demandent comment il peut à ce point être maître de ses jambes, qu'il utilise comme nous utilisons nos mains dans la vie courante.

Cette intelligence relève de la capacité à utiliser son corps pour communiquer, pour manipuler de façon adéquate des objets délicats. Les mouvements produits le sont de façon sensible, précise et synchronisée. Historiquement, le peuple grec se servait beaucoup de cette intelligence, que l'on peut qualifier de somato-kinesthésique.

Pour Gardner, le lien entre le cerveau et le mouvement corporel est évident puisque plusieurs parties du corps agissent avec le système nerveux. Une personne atteinte d'un traumatisme qui la prive de ses facultés linguistiques et logiques parvient quand même à effectuer des activités motrices, comme c'est le cas des autistes, par exemple.

Enfin, soulignons les nombreux travaux qui ont montré l'importance des gestes et du corps dans la communication non verbale.

Quelques caractéristiques

- Utilisation du corps pour vivre des émotions.
- Communication avec le corps.
- Production manuelle.
- Compétence en coordination, dextérité, flexibilité.

Quelques aspects comportementaux associés

- Athlétique (pour la précision du mouvement).
- Danse (pour l'expression par le mouvement).
- Chirurgie (pour la précision du mouvement).
- Travail artistique (pour l'expression dans le mouvement).

Comment reconnaît-on cette forme d'intelligence ?

A travers le désir de bouger, un mouvement constant ou une implication active pour être bien. Les personnes dotées de cette forme d'intelligence ont besoin de se lever, de bouger, de toucher, de prendre les choses et de jouer avec.

Points forts

- Engagement physique dans la résolution de problèmes.
- Ne lit pas les consignes, agit.
- Utilise l'expression corporelle.
- Lien fort entre corps et esprit.
- Apprend par le biais des sensations corporelles.
- Communique avec le geste.
- Exploration corporelle (touche).
- Reconnaît les problèmes impliquant la logique.

Pistes pour en favoriser l'expression

S'étirer, faire des jeux de rôle, faire du théâtre, faire de l'exercice, pratiquer un ou plusieurs sports, bricoler, danser.

L'intelligence spatiale

L'intelligence de la vision stratégique

Selon Howard Gardner, « [p]*our illustrer le caractère central de l'intelligence spatiale, le jeu d'échecs est un bon exemple. L'aptitude à anticiper les mouvements sur l'échiquier et leurs conséquences semble étroitement liée à une imagerie forte. En effet, les champions d'échecs ont en général une mémoire visuelle exceptionnelle – ou une imagination visuelle, comme ils disent. Pourtant, un examen serré de ces individus révèle qu'ils possèdent un type particulier de mémoire. Dans une étude pionnière qui date d'il y a cent ans environ, Alfred Binet, l'inventeur des tests d'intelligence (voir au début de ce module), a examiné la virtuosité mnémonique à l'œuvre dans une partie d'échecs qui se jouait les yeux bandés. Le joueur livre plusieurs parties en même temps contre un nombre égal d'adversaires. Les adversaires peuvent chacun voir l'échiquier pertinent, mais pas le joueur qui a les yeux bandés. Il connaît seulement le dernier coup joué par son adversaire, et c'est sur cette base qu'il doit décider du coup suivant.* »

Que disent les joueurs eux-mêmes ? Dans l'exposé de Binet, nous trouvons une première indication d'un certain docteur Tarrash qui écrit :

« *Toute partie d'échecs se joue les yeux bandés en un certain sens. Par exemple, toute combinaison de cinq coups est menée à bien mentalement – la seule différence étant que l'on est assis devant l'échiquier. Pour le joueur d'échecs, voir son adversaire trouble fréquemment ses calculs. Nous avons ici la preuve que le jeu est représenté normalement à un niveau relativement abstrait : l'identité des pièces, pour ne rien dire de leurs attributs physiques, est extérieure au raisonnement. Ce qui compte, c'est le pouvoir de chaque pièce – ce qu'elle peut ou ne peut pas faire.* »
Cette intelligence permet à la personne de penser en trois dimensions, de faire de l'imagerie mentale, de raisonner de façon spatiale, de manipuler des images graphiques et de voir des actions en images visuelles, de façon mentale. La personne peut donc reconnaître des configurations spatiales, travailler sur des schémas. Pour elle, l'objet qu'elle voit est facilement perçu en trois dimensions. Un non-voyant peut avoir une très bonne intelligence spatiale, en utilisant ses mains. Tout comme un autiste ou une personne souffrant de lésions cérébrales peut parvenir à dessiner selon des configurations géométriques précises. La personne possédant cette intelligence pourra notamment :
• reconnaître l'identité d'un objet lorsqu'il est vu de différents angles ;
• imaginer des mouvements ;
• penser aux relations existant entre l'orientation du corps de l'observateur et la situation observée.

Quelques caractéristiques
• Capacité de percevoir l'espace spatiovisuel.
• Capacité d'opérer des transformations sur des perceptions.
• Sensibilité aux couleurs, aux formes.
• Perception des relations entre les éléments.
• Capacité de visualiser et de représenter graphiquement des idées.

Quelques aspects comportementaux
• Naviguer sur la mer.
• Faire le contrôle aérien.
• Piloter un avion.
• Sculpter.
• Peindre.
• Dessiner des plans.
• Réaliser des changements de proportion d'un objet.
• Créer des codes de couleur pour identification.
• Fournir une explication précise en s'appuyant sur une image.

Comment reconnaît-on cette forme d'intelligence ?
La personne qui est dotée de cette intelligence présente une puissante imagination et aime : concevoir, dessiner, lire des graphiques, les posters, les puzzles représentant des images, les labyrinthes, organiser l'espace, les objets, les surfaces. Elle a besoin d'images pour comprendre.

Points forts

- Apprend par l'image, les graphiques, les illustrations, l'art.
- Crée des images mentales.
- Recherche l'équilibre et l'harmonie.
- Perçoit les relations entre les objets.
- Perception correcte des objets et de l'espace selon différentes positions.
- Imagination fertile, perçoit des sensations en l'absence d'objets.
- Se situe dans l'espace.
- Manipule des images.
- Perçoit par le biais des formes, des couleurs, des textures, des designs d'ensemble.
- Visuel pur.

Pistes pour en favoriser l'expression

Art, création de supports graphiques permettant de mieux comprendre un concept, création graphique, montage de films et vidéos, théâtre, pratique de sports, notamment d'équipe, planche à voile ou tout autre sport de glisse, sculpture, danse, vélo, conduite automobile ou marine, peinture.

L'intelligence musicale

L'intelligence de l'espace sonore

Cette intelligence se distingue par sa capacité de discerner des rythmes, des timbres sonores, des tonalités et des mélodies. La personne a une très grande sensibilité à tous les sons provenant de son environnement. La culture musicale est plus théorique, tandis que l'approche figurale est moins encadrée. Certains compositeurs atteints d'un handicap très sévère continuent à composer. Ils ont prouvé que cette intelligence est une constituante en soi au niveau du cerveau. Le lien étroit entre l'affectif, l'intelligence musicale et l'intelligence mathématique, au niveau du rythme et de la composition, nous mène à penser que ceux-ci ont des points communs dans le traitement des données.

Selon Howard Gardner, l'intelligence musicale portée à son maximum est très liée aux intelligences corporelle (sens du rythme), spatiale (pour la composition), intrapersonnelle mais aussi interpersonnelle, la musique concernant tout autant le monde intérieur des sentiments que le monde de l'échange et de la sociabilité. Enfin, il semble que l'intelligence musicale soit également liée à l'intelligence logique et mathématique.

Quelques caractéristiques

- Capacité de percevoir et de discriminer des sons.
- Possibilité d'exprimer des émotions en musique.
- Capacité d'exprimer la musique écrite.
- Une très grande sensibilité.

Quelques aspects comportementaux

- Ecrire des chansons, des pièces musicales.
- Parler, chanter du rap.
- Identifier des structures rythmiques.
- Trouver des similitudes dans des mélodies.
- Jouer d'un instrument de musique.
- Utiliser une technologie musicale.
- Diriger une pièce musicale.
- Vivre des émotions en écoutant des pièces musicales.

Comment la reconnaît-on ?

Le plaisir de faire de la musique, des sons, des rythmes. La personne aime fredonner, battre le rythme et, parfois, chantonne à longueur de journée.

Points forts

- Etudie plus facilement lorsque la leçon est musicale ou rythmée.
- Intuition basée sur le son, perception naturelle.
- Sensible aux sons, aux tonalités et à leurs caractéristiques.
- Comprend la structure musicale.
- Recherche les schémas musicaux.
- Reproduit, reconnaît ou crée des mélodies, des rythmes.

L'intelligence interpersonnelle

L'intelligence des autres

L'intelligence interpersonnelle se remarque par l'ouverture d'une personne aux autres. Cette personne parvient à saisir de façon juste les besoins, humeurs, émotions, réalités de ceux qui l'entourent. Cette ouverture aux autres ne se limite pas à ressentir : la personne passe à l'acte en aidant et en soutenant ses pairs. Cette compréhension n'a même pas besoin de passer par des explications de la part du demandant car l'empathie et l'intuition font partie des compétences naturelles de la personne ayant une intelligence interpersonnelle.

Cette personne est très créative pour trouver des solutions aux problématiques de la vie quotidienne. Elle a également, de façon générale, une grande facilité à s'exprimer et peut prendre le *leadership* en maintes occasions.

Les enseignants, travailleurs sociaux, acteurs et politiciens ont à utiliser cette forme d'intelligence.

Quelques caractéristiques

- Capacité de percevoir et de discriminer les humeurs, intentions.
- Motivations et émotions des autres.
- Sensibilité aux messages gestuels.
- Adaptabilité selon les contextes.

Quelques aspects comportementaux
- Entrer en relation d'aide.
- Percevoir de multiples facettes émotionnelles.
- Enseigner à une autre personne.
- Collaborer dans un travail.
- Aider à résoudre des problèmes.
- Faire de l'écoute réflexive.
- Diriger une équipe.

Comment reconnaît-on cette forme d'intelligence ?
Grande habileté avec les gens. La personne aime parler et influencer (habituellement leader d'un groupe, organisatrice), communique bien (douée en résolution de conflits), a une bonne écoute, est habile à négocier et persuasive.

Points forts
- Aime la vie de groupe, sociable.
- Travail en coopération.
- Intérêt communautaire.
- Voit les choses d'un autre point de vue.
- Distingue les éléments.
- Communication verbale et non verbale.
- Crée et maintient la synergie.
- Sensible aux « humeurs » et aux motivations des autres.
- Forme d'intelligence intégratrice tournée vers les autres.
- Habileté à comprendre et à interagir avec les autres.
- Besoin des autres pour apprendre.

Pistes pour en favoriser l'expression
Se faire des amis, privilégier les situations gagnant-gagnant, mener les discussions, pratiquer l'enseignement par les pairs et la collaboration, diriger les projets, conseiller des amis, chercher à comprendre les préoccupations des autres, manifester de l'empathie.

L'intelligence intrapersonnelle

L'intelligence de la conscience de soi
Cette intelligence permet à l'individu de bien se connaître, de comprendre ses émotions, de mettre des mots sur sa démarche personnelle et d'orienter correctement ses actions. La réflexion et l'introspection qu'elle implique permettent à la personne de mettre des mots sur des démarches personnelles et d'orienter ses pairs (par exemple, un psychanalyste, un psychologue ou un chef spirituel).
Les personnes dotées d'une forte intelligence intrapersonnelle vont privilégier la solitude, la méditation, la réflexion. Elles sont de nature indépendante et auront des objectifs de vie très précis. Il est difficile de les

influencer. Ces personnes peuvent aussi tirer profit d'une expérience vécue, positive ou négative, grâce à la réflexion qu'elles portent sur l'événement.

Quelques caractéristiques
• Connaissance de soi (forces et faiblesses) et actions en conséquence.
• Estime de soi.
• Autodiscipline.

Quelques aspects comportementaux
• Réfléchit sur des analogies.
• Poursuite d'un objectif personnel.
• Réflexion philosophique.
• Partage avec les autres ses valeurs personnelles.
• S'autodiscipline.
• Mène à bien une tâche.
• Partage avec les autres sa démarche.

Points forts
• Aime le travail individuel.
• Travail portant sur ou à partir de soi.
• Aime apprendre à apprendre.
• Concentration, autodiscipline.
• Sens de l'autocritique, l'échec fait mal.
• Pensée et raisonnement articulés.
• Forme d'intelligence intégratrice tournée vers soi.
• Différents états de conscience (spirituel, intuitif, intérieur).
• Capacité de se comprendre, de se former une représentation de soi fidèle et précise et de l'utiliser efficacement dans la vie.
• Introverti ayant besoin d'être mis en confiance.
• Travail solitaire.

Comment reconnaît-on cette forme d'intelligence ?
La personne aime la solitude. Elle aime aussi réfléchir, a une bonne compréhension de ses forces et de ses faiblesses, est habile dans la définition d'objectifs.

Pistes pour en favoriser l'expression
Réfléchir avant d'agir, partir de ses propres objectifs et intérêts pour prendre une décision, écrire un journal, se relaxer, réfléchir et apprendre sur soi-même, pratiquer des exercices de concentration, méditer, se réserver des moments de solitude.

ATELIER : LE CAS PARTICULIER DE L'INTELLIGENCE ÉMOTIONNELLE

La « découverte » de l'intelligence émotionnelle repose sur les observations de l'Américain Joseph Ledoux. En 1990, ce professeur de l'université de New York s'aperçoit qu'une petite partie des stimuli provoquant nos émotions n'est pas traitée au niveau du cortex, mais au niveau d'une petite glande en forme d'amande, logée dans les replis de notre encéphale. Cette glande possède son propre circuit neuronal qui prend le pouvoir dans les moments de fortes émotions ou de danger. Une part de nos émotions échappe à tout contrôle rationnel. C'est pourquoi nous avons tant de peine à nous maîtriser dans des moments d'émotions intenses telles que la colère, la rage, la jalousie, la peur, etc.

La maîtrise des émotions qui se développe grâce aux expériences répétées de l'enfance et de l'adolescence contribue à nous façonner. Les facteurs cruciaux sont notamment le sérieux et la sensibilité avec lesquels les parents répondent aux besoins de leur enfant, les occasions et les conseils dont celui-ci bénéficie pour apprendre à dominer ses contrariétés et ses pulsions.

Le livre qui a popularisé le concept

Daniel Goleman a popularisé le concept d'intelligence émotionnelle dans un *best-seller* mondial (plus de trois millions d'exemplaires vendus et une traduction dans plus de trente langues) traduit en français dans la collection de poche « J'ai lu ») et intitulé *L'Intelligence émotionnelle. Accepter ses émotions pour développer une intelligence nouvelle.*

Cet ouvrage souligne notamment que des compétences humaines comme la maîtrise de soi, l'autodiscipline, la persévérance et l'empathie sont certaines des qualités indispensables qui déterminent la réussite de l'individu et que les enfants se doivent d'acquérir. Ces qualités dépendent essentiellement du fonctionnement des émotions chez l'individu (ses « *compétences émotionnelles* ») et impliquent des schémas de pensée sur lesquels on peut intervenir en toute conscience. Pour cela, il importe de reprendre le chemin de nos expériences vécues et d'y considérer le rôle et les mécanismes précis de nos réactions émotives.

Après le grand succès du premier tome, Daniel Goleman est revenu sur son concept pour l'appliquer plus particulièrement au monde du travail (*Intelligence émotionnelle 2*, également paru en poche chez « J'ai lu »). Il reprend le principe qui veut que la conception traditionnelle de l'intelligence laisse complètement de côté les émotions qui régissent pourtant le comportement humain. Ainsi, pour lui, la réussite dépend moins du quotient intellectuel que de l'intelligence émotionnelle fondée sur la compréhension, la maîtrise et l'utilisation des émotions, qualités que

Les grands domaines de l'intelligence émotionnelle

Daniel Goleman propose cinq grandes compétences liées à sa théorie de l'intelligence émotionnelle.

Compétences personnelles ou intelligence intrapersonnelle

• CONSCIENCE DE SOI
Etre toujours conscients de nos sentiments et utiliser nos penchants instinctifs pour orienter nos décisions. Nous autoévaluer avec réalisme et posséder une grande confiance en soi.

• MAÎTRISE DE SOI (autorégulation)
Gérer nos émotions de façon à ce qu'elles facilitent notre travail au lieu d'interférer avec lui. Etre consciencieux et savoir différer une récompense dans la poursuite d'un objectif. Retrouver facilement son équilibre émotionnel.

• MOTIVATION
Utiliser nos envies les plus profondes comme une boussole qui nous guide vers nos objectifs, nous aide à prendre des initiatives, à optimiser notre efficacité et à persévérer malgré les déconvenues et les frustrations.

Compétences sociales ou intelligence interpersonnelle

• EMPATHIE
Etre à l'unisson des sentiments d'autrui, être capable d'adopter son point de vue et d'entretenir des rapports harmonieux avec une grande variété de gens.

• APTITUDES HUMAINES
Bien maîtriser nos émotions dans nos relations avec autrui et déchiffrer avec acuité les situations et les réseaux humains. Réagir avec tact. Utiliser ces aptitudes pour persuader, guider, négocier et régler les différends, pour coopérer et animer des équipes.

chacun peut acquérir. Sous cet angle, l'auteur remet en cause la manière dont chacun conçoit une carrière, mais aussi la façon dont une entreprise gère son potentiel humain. Au bout de trois ans d'enquête passés à rencontrer les dirigeants de près de cinq cents entreprises ainsi que des cadres et des employés considérés comme des « stars » sur leur lieu de travail, Daniel Goleman confirme que la réussite n'est pas liée aux diplômes, ni au QI, ni même aux compétences techniques. La différence se fait au niveau de la conscience de soi, de la confiance en soi, du *self-control*, de la motivation et de la capacité de chacun à communiquer et à influencer les autres. Ces aptitudes sont destinées à jouer un rôle croissant dans le monde du travail. De plus, les recherches en psychologie et en neurobiologie prouvent que chacun est à même d'améliorer le contrôle de ses émotions. Daniel Goleman donne ici conseils et orientations pour apprendre à les cultiver et à les utiliser.

Les recherches de Daniel Goleman sur l'intelligence émotionnelle, bien que s'appuyant sur la théorie de Gardner dont il reconnaît le bien-fondé, posent la question de l'utilisation de deux descripteurs pour les intelligences interpersonnelle et intrapersonnelle. Pour sa part, il les regroupe sous le vocable plus large d'« intelligence émotionnelle ». Cela montre l'intérêt d'avoir des descriptions plus englobantes du comportement humain, comme nous le verrons plus loin avec l'atelier qui vous permettra de mettre en parallèle les intelligences multiples et la théorie des intérêts, utilisée notamment pour l'orientation professionnelle (« Atelier : Intérêts et intelligence multiples »).

Quiz

Demandez à votre enfant de cocher une réponse par question, puis reportez-vous aux réponses pour comptabiliser ses « points » et lire l'explication. Comparez avec les scores que vous avez précédemment comptabilisés pour les intelligences interpersonnelle et intrapersonnelle.

1. Votre avion est secoué comme un prunier. L'hôtesse annonce : « *Nous traversons une zone de fortes turbulences.* » Que faites-vous ?
a) Vous continuez à bouquiner ou à regarder le film comme si de rien n'était.
b) Vous observez du coin de l'œil le personnel de bord et relisez la feuille d'instruction « en cas d'urgence ».
c) Vous faites un peu de a) et de b).
d) Vous n'en savez rien. Vous n'avez jamais prêté attention à ça.

2. Vous êtes au parc avec une bande d'enfants de 4 ans. Une fillette pleure parce que les autres ne veulent pas jouer avec elle.
a) Vous la laissez se débrouiller.
b) Vous discutez avec elle : « *Comment pourrais-tu faire pour que les autres t'acceptent dans leurs jeux ?* »

c) Doucement, vous lui dites : « *Voyons, ne pleure pas...* »
d) Pour la distraire, vous lui lancez : « *Viens ! On va jouer à autre chose.* »

3. Vous espériez avoir la note 16 au lycée, mais vous n'obtenez qu'un 10.
a) Vous faites des plans pour vous améliorer.
b) Vous prenez la résolution de faire mieux.
c) Vous pensez : « *Tant pis pour cette matière, j'excelle dans les autres !* »
d) Vous allez voir le professeur et râlez pour qu'il vous mette une meilleure note.

4. A l'occasion d'un job d'été, vous vendez des assurances. Après quinze appels, vous faites chou blanc. Découragé, vous vous dites :
a) « *C'est un sale jour, demain ça ira mieux.* »
b) « *Qu'est-ce qui cloche avec moi pour que j'aboutisse à tous ces refus ?* »
c) « *Je vais essayer quelque chose de nouveau lors de mes prochains appels.* »
d) « *Je vais changer de job.* »

5. Lors d'une réunion entre copains, l'un d'entre eux fait une blague raciste.
a) Vous l'ignorez. Après tout, ça n'est qu'une blague.
b) Vous prenez le copain à part et lui faites part de votre désaccord.
c) Devant tout le monde, vous faites immédiatement remarquer que ça ne se fait pas.
d) Vous suggérez au copain la lecture d'un livre sur le thème des diversités ethniques.

6. Votre père est fou furieux parce qu'un chauffard lui a coupé la route.
a) Vous lui dites de ne pas en faire tout un plat et d'oublier.
b) Vous mettez sa cassette favorite pour le distraire.
c) Vous renchérissez et l'aidez à exprimer toute sa haine du chauffard.
d) Vous dites que la dernière fois que c'est arrivé, vous vous êtes rendu compte, après coup, que la voiture se rendait aux urgences.

7. Dispute dévastatrice avec un ami.
a) Vous faites une pause de vingt minutes pour vous calmer, avant de reprendre la discussion.
b) Vous coupez court à la discussion sans vous troubler et ne répondez pas aux provocations.
c) Vous vous excusez et demandez à votre partenaire d'en faire autant.
d) Vous prenez un instant de réflexion intérieure pour récapituler aussi objectivement que possible vos griefs.

8. Vous dirigez un groupe qui doit résoudre un problème.
a) Vous consultez votre agenda pour que chacun vienne avec les meilleures solutions dans les meilleurs délais.
b) Vous prenez du temps pour que chacun fasse connaissance.
c) Vous demandez à chacun quelles sont ses idées, pendant qu'elles sont encore fraîches.
d) Vous mettez sur pied un *brainstorming* : toutes les solutions qui passent par la tête des gens sont les bienvenues.

9. Votre cousin de 3 ans est hypersensible et depuis sa naissance, il craint les nouveaux endroits et les personnes inconnues.
a) Il est timide : il faut le protéger.
b) Vous conseillez à votre tante d'aller voir un pédopsychiatre (psychiatre pour enfant).
c) Vous l'exposez à ce genre de situations pour qu'il domine sa peur.
d) Vous l'entraînez très progressivement à faire face à des situations de ce type.

10. Vous voulez vous remettre à l'instrument de musique que vous avez négligé depuis déjà trop longtemps.
a) Vous vous entraînez quotidiennement.
b) Vous choisissez d'abord des morceaux à votre portée.
c) Vous vous y mettez seulement quand vous en avez envie.
d) Vous choisissez des morceaux difficiles, que vous finissez par maîtriser.

Calculez votre QE

1. Toutes les réponses sont bonnes, sauf D, qui montre que votre enfant est inconscient de ses réponses sous stress.
A = 20, B = 20, C = 20, D = 0.
2. B est la meilleure réponse. Votre enfant sait utiliser les crises pour en tirer le meilleur parti.
A = 0, B = 20, C = 0, D = 0.
3. A est la meilleure réponse. La volonté d'élaborer un plan est une preuve d'automotivation.
A = 20, B = 0, C = 0, D = 0.
4. C est la meilleure réponse, un signe d'optimisme, de persévérance et d'imagination.
A = 0, B = 0, C = 20, D = 0.
5. C est la meilleure réponse. Votre enfant est très clair sur ce qu'il est socialement.
A = 0, B = 0, C = 20, D = 0.
6. D est la meilleure réponse. Votre enfant est capable tout à la fois d'empathie et de calmer la situation en modifiant les points de vue.
A = 0, B = 5, C = 5, D = 20.

7. A est la meilleure réponse. Vingt minutes sont physiologiquement nécessaires pour que corps et cerveau se calment et redeviennent détendus.
A = 20, B = 0, C = 0, D = 0.
8. B est la meilleure réponse. Le travail en groupe est plus créatif si l'harmonie règne.
A = 0, B = 20, C = 0, D = 0.
9. D est la meilleure réponse. Votre enfant a déjà compris que ça ne sert à rien de placer les autres devant des défis qu'ils sont incapables de relever.
A = 0, B = 5, C = 0, D = 20.
10. B est la meilleure réponse. Votre enfant sait mêler apprentissage et plaisir, ce qui donne les meilleurs résultats.
A = 0, B = 20, C = 0, D = 0.

Calculez le total général sur 200

Avec 200 points, votre enfant a un quotient émotionnel maximum.
Avec 100 points, votre enfant est dans la bonne moyenne. Il possède donc un bon quotient émotionnel.
En dessous, votre enfant a du chemin à faire. Peut-être pouvez-vous l'aider.

ATELIER : UTILISER SON « PORTEFEUILLE D'INTELLIGENCES » POUR FAIRE LES BONS CHOIX

Bien que peu de travaux aient été entrepris sur cette question, la théorie des intelligences multiples peut également s'avérer très utile en orientation scolaire et professionnelle. Elle peut, par analogie avec les compétences demandées pour suivre une formation ou occuper un poste, permettre de partir de ses intelligences dominantes pour déterminer le choix d'une filière ou d'un métier.

Intelligences multiples et typologie des intérêts

Pour vous aider dans vos choix d'orientation, voici une comparaison des différentes intelligences proposées par H. Gardner par rapport à la typologie des intérêts professionnels proposée par J. Holland. Comme on peut le voir, certaines intelligences sont communes à plusieurs types d'intérêts, tandis que d'autres sont propres à un intérêt particulier. Vous pouvez donc vous servir des informations données par rapport aux différents pôles d'intérêts TRICAM.

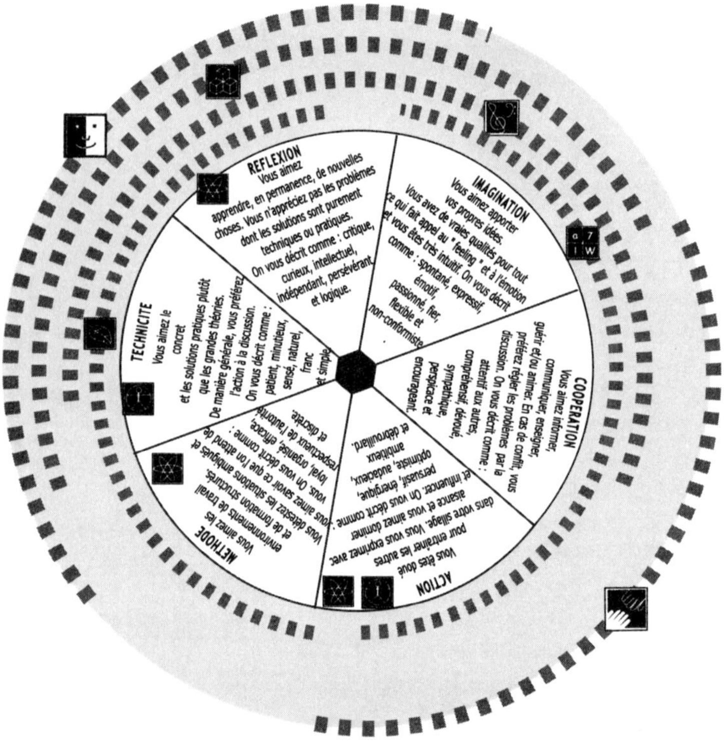

Localisation des intelligences dans le cerveau

Chaque intelligence décrite par Howard Gardner est localisée dans une partie du cerveau. Comme vous pouvez le constater en comparant ce schéma avec celui de « La géographie du cerveau » (p. 136), plusieurs de ces intelligences correspondent à une globalisation de plusieurs sous-fonctions cérébrales.

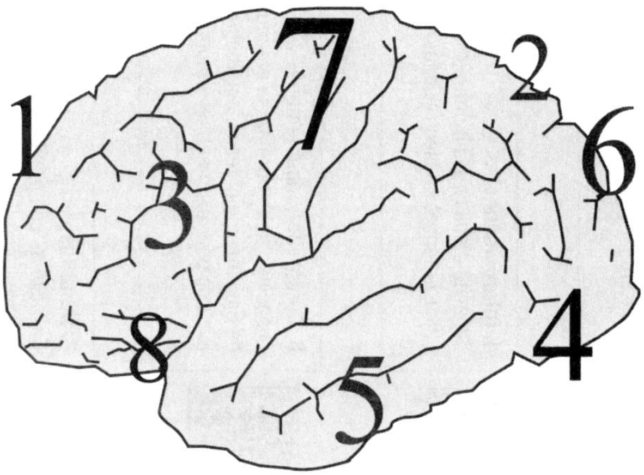

1. Verbale/linguistique
Capacité d'utiliser les mots efficacement, oralement ou par écrit.

2. Logique/mathématique
Capacité d'utiliser les nombres efficacement et de bien raisonner.

3. Visuelle/spatiale
Capacité de bien percevoir le monde, de se faire une image mentale juste des choses.

4. Interpersonnelle
Capacité d'utiliser les nombres efficacement et de bien raisonner.

5. Intrapersonnelle
Capacité de se comprendre et d'utiliser cette compréhension pour mieux vivre.

6. Corporelle/kinesthésique
Capacité d'apprendre par la pratique, de bien manipuler les objets, d'utiliser le corps pour exprimer ses émotions.

7. Musicale
Capacité de comprendre la musique et de s'exprimer par elle.

8. Naturaliste
Capacité de comprendre, de classer et d'expliquer la nature.

PARTIE III

UN PROJET POUR AUJOURD'HUI ET POUR DEMAIN

« *On travaille à la fois pour être et avoir* », affirme Frédéric Lesemann, professeur au département de sociologie à l'INRS (Institut national de la recherche scientifique). « *Dans notre culture, les individus ne s'épanouissent plus seulement avec l'argent et les biens matériels. L'être est devenu aussi important que l'avoir. Et à mes yeux, l'être représente la capacité de trouver du sens à ce qu'on fait.* » Cette quête de sens au travail n'a rien de philosophique, ajoute le professeur. « *C'est chercher la reconnaissance des pairs, satisfaire le besoin de se sentir aimé et apprécié pour ce que l'on fait, tant à l'intérieur qu'à l'extérieur d'une entreprise.* » Selon cet expert en organisation du travail, le sens est le deuxième salaire de l'employé. Le travailleur est heureux quand il a la satisfaction du devoir accompli, mais aussi quand son travail produit du « *sens* », un terme dont la signification varie selon les individus, leurs valeurs et leurs ambitions. Pour les uns, le sens consistera à provoquer un changement dans la société et à contribuer à un monde meilleur, plus équitable. Pour les autres, il consistera à savoir qu'ils contribuent à un tout plus grand que la simple somme de leurs tâches.

Ce que vous allez apprendre dans cette partie :

• Donner un sens au travail

Les jeunes souhaitent mettre en accord ce qu'ils feront dans un métier avec leurs valeurs, leurs intérêts et leur façon de voir la vie. Pour eux, donner un sens à leur vie, faire le partage entre vie personnelle et vie professionnelle, est aussi important que le niveau de rémunération, l'intérêt qu'ils veulent trouver dans le travail, la variété des tâches, etc. Parallèlement, les entreprises font face à des changements quasi permanents. Les salariés ne sont donc plus (en tout cas, de moins en moins) une simple « main-d'œuvre », mais des partenaires capables d'apporter leur motivation et leurs idées pour réagir en temps réel.

Dans ce module, je vous propose une réflexion sur ce qui guide aujourd'hui vos enfants dans leur choix d'un métier. Vous découvrirez que certains de vos espoirs sont loin d'être de purs rêves et qu'au contraire, ils font partie intégrante du processus d'orientation.

• Existe-t-il encore des métiers d'avenir ?

Le phénomène désormais bien connu dit du « *papy-boom* » va augmenter le nombre de départs en retraite de 50 % d'ici à 2015. Ces départs vont créer un véritable appel d'air dans les entreprises, qui va bénéficier aux jeunes actuellement en formation. Préparer ceux-ci à ces opportunités est donc un challenge que nous devons tous relever. Sinon, nous pourrions assister à ce paradoxe : le chômage serait à peine moins élevé qu'aujourd'hui, alors que certains secteurs d'emplois ne réussiraient pas à recruter.

1- DONNER UN SENS AU TRAVAIL

De nombreux observateurs de la vie sociale (du journaliste au sociologue) décrivent, chacun à leur façon, une mutation importante dans notre façon de considérer le travail. Entre la recherche d'un meilleur équilibre entre vie personnelle et vie professionnelle et une implication plus grande dans la vie sociale, de nouveaux rapports s'inventent au travail.

Nous ne pourrons plus longtemps réussir à manœuvrer le Vaisseau Spatial Terre si nous ne le voyons pas comme un bâtiment entier, si nous ne considérons pas notre destin comme un destin commun.
Buckminster Fuller

Depuis la fin des années 90, de nombreux livres sont parus, qui prétendent que nous sommes entrés dans une nouvelle phase de l'histoire caractérisée par le déclin inexorable de l'emploi. Avec des hauts et des bas, le chômage est, en effet, à son plus haut niveau sur le plan mondial depuis les années 30 et, dans le même temps, les technologies dévoreuses d'emploi, nées de l'informatique, envahissent tous les secteurs d'activité, depuis plusieurs années déjà.

TROUVER SA PLACE DANS LE MONDE DU TRAVAIL

Ainsi, pour Jeremy Rifkin, ancien conseiller du président Bill Clinton et auteur de *La Fin du travail* (éditions La Découverte), il est urgent de « *commencer à penser l'impensable, de nous préparer à une économie qui supprime l'emploi de masse dans la production et la distribution. Il faut annoncer la transition vers une civilisation post-marchande, définir de nouvelles formes d'activité et de nouveaux modes de distribution des revenus. Cela suppose d'agir vigoureusement dans deux directions : celle de la réduction du temps de travail et celle du développement du* "troisième secteur", *dans lequel les gens s'auto-organisent en communautés assumant une proportion croissante des services dont ils ont besoin.* » Programme de déductions fiscales pour le bénévolat, création d'un « salaire social » sous la forme d'un revenu annuel minimum garanti pour séparer revenu et travail, etc. Nombreux ont été les programmes (ou simplement les idées) allant dans le sens de l'aide aux « exclus de la croissance » et du développement d'une société plus solidaire.

Les entreprises qui réussissent sont celles qui considèrent les employés comme des associés, et non comme des instruments.
Anthony Robbins

Les paysans sont sans cesse au travail, et c'est un mot qu'ils n'emploient jamais.
Anton Tchekhov

Une société plus égale et plus respectueuse

Dans *Le Travail : une valeur en voie de disparition* (éditions Flammarion), qui a connu un grand succès, la jeune philosophe Dominique Méda fait le constat que le travail n'a rien de naturel dans l'histoire des hommes. « *Tout se passe comme si le travail était aujourd'hui sacralisé : investi d'une série de missions vertueuses, il serait le créateur de* "valeur" *par excellence, le moyen suprême d'union sociale, le vrai lieu d'épanouissement individuel en plus d'être un moyen de subsistance.* » Selon elle, le travail en tant que producteur d'identité sociale est une notion historiquement récente.

Dominique Méda propose d'organiser la société de manière à ce que chacun puisse avoir accès à l'ensemble des activités nécessaires à son bien-être individuel et social : activités professionnelles, mais aussi politiques, familiales, amoureuses, parentales et culturelles. Cette idée implique celle d'un partage du travail : la réduction de la place du travail dans nos sociétés permettrait une redistribution du travail, mais aussi une redistribution des « autres activités » pour en finir avec certaines « spécialisations » entre les hommes et les femmes, comme celles qui concernent les tâches domestiques ou l'éducation des enfants. Idéalement, chacun aurait du temps pour participer au débat politique, à des activités parentales utiles non seulement aux individus mais aussi aux sociétés, ou encore à des activités personnelles.

Science-fiction ?

Beaucoup trouveront peut-être qu'il s'agit de science-fiction. Il y a pourtant fort à parier que le travail va profondément changer dans les années à venir. Sa place ne sera certainement plus celle que nous avons connue depuis le début de l'industrialisation. Beaucoup annoncent une société où les périodes de travail alterneront avec des périodes de formation et des périodes consacrées à la réalisation de projets plus personnels (éducation des enfants, voyages de découverte, loisirs, participation à la vie de la communauté, etc.). Les systèmes de validation des acquis sous forme de certification ou de diplôme (la fameuse validation des acquis de l'expérience ou VAE), les congés parentaux, ouverts aux hommes comme aux femmes, les congés sabbatiques, qui permettent de disposer de temps pour développer un projet personnel, sont autant de jalons en direction de cette société plus mobile et ouverte. Il est loin, le temps rythmé par les cloches de villages…

DE NOUVELLES VALEURS POUR LES SALARIÉS

Vocation ? Passion ? Attirance ? Nous considérons tous que certaines tâches nous conviennent mieux que d'autres. Sans forcément parler de vocation et sans avoir toujours non plus une idée très nette de l'activité précise que nous souhaiterions exercer, aucun d'entre nous ne se sent prêt à exercer n'importe quel métier, sauf si, bien sûr, il y est contraint pour des raisons de survie financière.

De la même façon, il ne viendrait pas à l'esprit d'un employeur de prendre la première personne qui passe pour occuper un poste dans son entreprise. Les procédures de recrutement ont précisément pour objectif de trouver le meilleur candidat pour occuper un poste de travail et ce, bien au-delà de ses seules compétences techniques. Il est donc reconnu qu'une bonne répartition des compétences individuelles au sein des différentes activités professionnelles est non seulement un facteur d'équilibre individuel, mais également un moyen pour les entreprises d'être plus performantes et plus compétitives. Surtout, chacun de nous a des talents particuliers, qui le poussent à agir dans un sens plutôt que dans un autre (voir le module « Des intérêts et des valeurs pour la vie dans la partie II).

Mais choisir un métier, ça n'est pas seulement mettre en parallèle ses propres envies et compétences avec le contenu et l'environnement d'un métier. C'est un minimum, bien sûr, mais ça ne suffit pas. Pour nous satisfaire pleinement, un métier doit également correspondre à nos valeurs et à notre façon de voir la vie, il doit aussi nous permettre de nous épanouir.

Meilleur équilibre entre vie professionnelle et personnelle

Ce besoin (ce droit ?) de s'épanouir et de se réaliser grâce à une activité professionnelle n'empêche pas que la recherche d'un équilibre entre vie professionnelle et vie personnelle est désormais un paramètre essentiel dans le choix des salariés des entreprises. Moins de stress, un gain de temps, une plus grande disponibilité pour une efficacité accrue : l'épanouissement personnel importe aujourd'hui autant que la réussite professionnelle. Les relations entre les entreprises et leurs salariés sont en pleine évolution. L'heure est désormais au développement personnel, que ce soit au sein de l'entreprise ou dans la vie privée. Les deux phénomènes ne sont d'ailleurs pas toujours distincts. Les salariés naviguent aujourd'hui entre plaisir au travail et conditions de travail. Si nous sommes toujours prêts à nous investir lorsqu'une mission nous passionne, la plupart d'entre nous veulent, comme on dit, « *le beurre et l'argent du beurre* ». « *J'ai besoin d'un travail qui me passionne, où j'apprends de nouvelles choses tous les jours et dans lequel je peux progresser en prenant des responsabilités. Mais je ne suis pas prêt à sacrifier pour autant ma vie de famille. A 28 ans, j'ai encore le temps, mais je sais qu'un jour, je voudrai des enfants. Ce jour-là, ma boîte devra être capable de me permettre d'avoir les deux : un bon job et une famille équilibrée. Dans le cas contraire, j'irai me vendre ailleurs, quitte même à gagner moins d'argent* », résume Cédric, jeune cadre dans une grande banque parisienne.

Les conséquences de la très longue crise de l'emploi que vit la France depuis le milieu des années 80 ne sont certainement pas près de s'atténuer dans les esprits. Après avoir vu leur père, leur mère ou un proche se faire licencier sans ménagement après quinze ou vingt ans de loyaux services, après avoir vu leurs aînés vivre d'emplois-jeunes en CDD pendant des années avant de décrocher un premier emploi fixe, les plus jeunes ont perdu l'image de l'entreprise toute-puissante qui offrait travail, sécurité et progression de carrière régulière.

Recherche de cohérence avec soi-même

Mais cette perte de confiance n'est pas seule en jeu. Nombreux sont ceux qui veulent pouvoir, tout simplement, se réaliser en dehors du travail : la famille et/ou l'action collective et associative prennent une grande importance. Les plus jeunes, notamment, veulent organiser leur vie différemment et disposer de plus de temps libre. Un nombre grandissant d'entre eux souhaite même participer à la création d'un monde plus solidaire. Ainsi Fabien, après une formation dans une prestigieuse école de commerce de l'Ouest de la France, a-t-il décidé de consacrer sa vie pour partie à ses deux petites filles et pour l'autre à une importante association d'entraide aux très nombreux chômeurs de la région de Manchester en Grande-Bretagne, dans laquelle il travaille aujourd'hui à mi-temps en tant que chargé de projet. « *La réussite sociale n'est pas tout. Se sentir bien avec ses proches, et notamment en arrêtant de croire qu'il y a l'homme guerrier, d'un côté, et la femme pour* "attendre son retour de croisade" *en s'occupant des gamins, de l'autre, est essentiel. De même que le sentiment d'apporter quelque chose aux autres. La vie est trop courte pour perdre du temps à faire carrière ! Du moins, au sens classique du terme.* » Dominique, qui partage sa vie entre l'engagement associatif et les boulots alimentaires, confirme que c'est « *la seule manière pour* [elle] *de trouver un équilibre qui* [la] *satisfasse vraiment* ».

L'INCIDENCE SUR L'ORIENTATION DE VOS ENFANTS

Dans les périodes de grands changements, ce sont les individus qui redeviennent les acteurs principaux. Pour les années à venir, beaucoup de choses sont à inventer. Si cela peut générer une certaine crainte de l'avenir, la situation constitue aussi une opportunité fantastique. Beaucoup de jeunes souhaitent pouvoir organiser leur vie future à leur convenance... Bonne nouvelle : c'est aujourd'hui de plus en plus possible. Il suffit pour cela d'avoir les bonnes clés en main.

Savoir prendre des décisions

Une des compétences les plus importantes est celle qui consiste à savoir prendre des décisions, faire des choix et ce, en fonction de soi-même et de ses propres besoins. Dans le futur, le fait d'être en accord avec soi-même sera certainement primordial. Bien se connaître, se préciser à soi-même ce que l'on veut faire mais aussi ce que l'on ne veut surtout pas faire, sera demain une garantie pour construire un itinéraire de vie cohérent. Ainsi plusieurs recherches ont-elles montré qu'il est bien pire de ne pas savoir ce que l'on veut que de ne pas avoir ce que l'on veut. Autrement dit, il est pire de ne pas avoir défini ses grandes orientations que de ne pas pouvoir les réaliser.

Deux raisons majeures expliquent cela. D'une part, lorsqu'on sait ce que l'on veut (ou ce que l'on ne veut pas), on est plus réactif pour saisir les opportunités. D'autre part, dans un monde fait de changements et, comme nous l'avons vu, d'alternance entre période d'emploi et période « d'inactivité », « *on perd moins son temps entre deux emplois lorsqu'on sait ce que l'on aime faire. On sait mieux choisir et planifier les activités non rémunérées pour mieux rebondir sur le plan professionnel* », comme le dit cette conseillère d'orientation pour adultes.

Cela vous paraîtra peut-être bizarre, mais le fait de savoir ce que l'on veut permet de supporter plus facilement ces moments de la vie où l'on ne fait pas exactement ce que l'on aimerait faire. « *Si on sait ce que l'on aime faire, on peut toujours aller le chercher dans les activités extraprofessionnelles. Et puis, c'est plus facile de parler avec nos proches de nos frustrations, sans se sentir coupable de la situation. Ça aide à mieux supporter la situation et souvent aussi à trouver les moyens d'y apporter une solution. Rester dans son petit coin, sans être capable d'échanger avec d'autres parce qu'on ne connaît pas trop les raisons est la pire des situations* », poursuit la même conseillère. D'où l'intérêt des méthodes proposées dans la partie II.

L'intelligence émotionnelle

Que ce soit pour trouver un travail intéressant ou pour « exister » socialement (car l'emploi aura certainement moins d'importance dans l'avenir comme créateur d'identité sociale), chacun d'entre nous devra faire preuve tout à la fois de connaissance de soi, de retenue et de maîtrise de soi, de compassion, d'esprit de coopération et d'une capacité à résoudre les conflits. En un mot, nous devrons développer notre « *intelligence émotionnelle* » telle qu'elle a été définie notamment par Daniel Coleman (voir partie II, chapitre 3 « Votre enfant est un surdoué »).

Le développement de cette compétence sera d'autant plus important que, plongé dans un monde de la communication globale (mondialisation de la plupart des activités, même pratiquées au niveau local, recours aux systèmes d'information et d'échanges de connaissances, mise en commun de ressources rares ou hors de prix, etc.), nous participerons de plus en plus à des projets collectifs.

Le monde bouge

Attention, « on ne rasera pas gratis » demain et loin de moi l'idée de décrire une société idyllique. Simplement, et comme à chaque génération, le monde évolue. Les évolutions technologiques et notamment ce qu'on appelle la « révolution de l'information » (les possibilités qu'offre l'informatique pour stocker et partager les informations), d'une part, et la mondialisation, qui n'est pas qu'économique, d'autre part, modifient profondément notre manière d'être et notre rapport aux autres. L'emploi n'échappe bien sûr pas à ces évolutions. Le simple fait que l'information soit aujourd'hui immédiate et mondialisée change et changera de façon irrémédiable la manière, par exemple, de *manager* les entreprises. Mais il suffit de se documenter sur la manière dont les Français travaillaient, ne serait-ce qu'il y a trente ans, pour se persuader que les changements sont permanents.

LE PARADOXE DE L'ORIENTATION

Il y a quelque chose d'assez paradoxal dans le problème de l'orientation. Votre enfant ne pourra au final s'en remettre qu'a lui-même et pourtant, l'influence des autres est omniprésente. En tant que parents, nous tentons parfois, avec plus ou moins de tact, de lui imposer notre vision, quand ce n'est pas nos choix. Et nous ne sommes pas les seuls. Ses professeurs y vont aussi de leurs « conseils éclairés ». Quant à ses amis, ils lui donnent parfois envie d'imiter leurs choix, ne serait-ce que pour ne pas se retrouver seul sur les bancs de telle ou telle faculté.

Comme nous l'avons vu dans le chapitre I « L'important, c'est d'y croire » de la partie II, des chercheurs comme Albert Bandura estiment que cette influence des autres est non seulement inévitable, mais qu'elle peut également être forte utile. Leur théorie est simple : pour eux, il n'existe pas d'apprentissage sans imitation. Nous apprenons beaucoup en observant notre entourage et en tentant d'imiter ce que, précisément, nous observons. D'ailleurs, comment aurions-nous appris à marcher et à parler, sans cela ?

Albert Bandura étend le raisonnement à toute situation d'apprentissage et considère que celui-ci peut donc d'abord se fonder sur l'observation. Profiter de l'expérience des autres est en effet une façon extrêmement courante d'apprendre. Nous pouvons tenir compte des réussites et des échecs de nos congénères pour ajuster nos comportements. C'est également une forme d'apprentissage très présente dans de nombreuses situations de la vie quotidienne. Les publicités des loteries mettent toujours en avant untel qui a gagné le gros lot : « *Vous voyez bien que c'est possible…* », semblent-elles nous dire. Bien que cette donnée ne change évidemment rien aux chances de gagner de chacun, nous ne pouvons nier qu'elle nous influence souvent beaucoup.

L'imitation comme clé du comportement d'orientation

Les modèles peuvent être des congénères (adultes, pairs, etc.) et correspondre aussi à des symboles dont la valeur sociale est importante (mots ou idées non valorisés, images, événements). Certains films peuvent ainsi servir de référence à toute une génération et conduire à renforcer des attitudes, des comportements. Un événement, une découverte scientifique, une réussite sportive, ou encore la mise en avant d'un secteur professionnel par les médias peuvent susciter des vocations en masse.

Albert Bandura souligne le fait que la manière dont les autres s'y prennent est un élément important dans une prise de décision. Si votre enfant décide de se former dans un secteur particulier, il sera d'autant plus capable de s'accrocher qu'il aura rencontré des personnes ayant réussi dans cette voie. Par extension, on peut donc dire que, lorsqu'on veut valider et renforcer une idée d'orientation, un premier moyen consiste à observer la manière dont les autres s'y prennent.

Internet est, à cet égard, un outil fantastique pour trouver des exemples de parcours professionnels. Grâce notamment aux moteurs de recherche, vous trouverez des témoignages et des exemples de CV qui pourront jouer le rôle que nous soulignons ici. Le concept du site www.club-competence.net repose sur cette idée de base. Il permet aux internautes d'indiquer leur parcours de formation et/ou d'emploi pour retrouver dans le réseau des personnes ayant fait la même chose. L'exemple de ceux qui ont un itinéraire qui m'intéresse, qui ont le même type d'intérêt que moi et qui m'ont précédé sur une voie que j'emprunte ou que je souhaite emprunter m'encourage à tenter ma chance. Un autre site, www.monmetier.com, permet de rencontrer *via* Internet des professionnels exerçant un métier sur lequel un jeune veut s'informer. Il s'agit, là encore, d'une initiative allant dans le sens d'un échange bénéfique et encourageant.

Vous l'aurez compris, la meilleure façon d'aider votre enfant dans son orientation, outre de l'aider à mieux se connaître, est de le confronter à un maximum de rencontres et d'expériences au fur et à mesure de son orientation. Ne craignez surtout pas que tout cela se transforme en imitation servile. Vous avez bien étudié la deuxième partie de ce livre et vous savez donc désormais que chacun s'oriente en tenant compte, finalement, de ses propres centres d'intérêt.

VAINCRE L'ÉTERNELLE DIFFICULTÉ DE CHOISIR

La plupart du temps, l'indécision est créée soit par un manque d'informations, soit, au contraire, par un trop-plein, une absence de méthode, une trop grande dépendance par rapport à son milieu ou, encore, un certain manque de « maturité vocationnelle ». L'interaction avec l'entourage peut jouer un grand rôle dans nos indécisions et, de manière plus générale, dans notre manière de nous sentir ou non « capables » d'entreprendre telle ou telle chose. Nous avons vu ce point essentiel dans le module « L'important c'est d'y croire » de la partie II. Par ailleurs, le fait de ne pas avoir le sentiment de contrôler les événements a le plus souvent pour conséquence de nous faire hésiter et reculer le plus possible la prise de décision.

La vraie recette pour éviter que votre enfant ne passe de l'indécision à l'anxiété, sa véritable ennemie, est de l'aider à s'interroger sérieusement sur les raisons de son hésitation. Qui peut être assez prétentieux (ou naïf) pour se croire capable de trouver sa voie en une seule fois et sans aucune difficulté ? Ce qui compte, au contraire, c'est de savoir que choisir une orientation est une chose complexe, qui se fait par étapes et par essais-erreurs.

La raison de l'hésitation

Le choix d'un métier s'inscrit souvent dans une période de la vie où les changements et mutations psychologiques, corporels et sur le plan des relations sociales sont nombreux. Plusieurs chercheurs ont montré qu'à cette étape, la question du « Qui suis-je » est primordiale. L'adolescence (de 15 à 18 ou 20 ans, selon les individus) est une période au cours de laquelle la personnalité change, ainsi que la nature des relations avec autrui. Pour ne prendre qu'un exemple, nos relations avec les parents deviennent plus conflictuelles : tout en maintenant les liens d'attachement, nos enfants font tout pour acquérir leur autonomie.

La recherche d'une identité personnelle

De manière générale, à cet âge, les jeunes doivent « actualiser » leur conscience d'eux-mêmes en passant d'une appartenance à un groupe (la bande de copains et copines) à une identité plus indépendante. C'est ainsi que le choix d'un métier vient s'ajouter à tous ces facteurs de doute et d'hésitation. Néanmoins, ce choix s'inscrit aussi dans un *continuum* au cours duquel leur personnalité et la conscience qu'ils acquièrent de ce qui est bien pour eux vont s'affiner. Plusieurs recherches menées dans le monde entier ont montré qu'en général, l'estime de soi change en fonction de l'âge : elle diminue légèrement au début de l'adolescence, pour augmenter ensuite de manière régulière et substantielle. Vers la fin de l'adolescence, les jeunes adultes de 19 ou 20 ans ont une estime de soi beaucoup plus positive qu'à 8 ou 11 ans.

D'ailleurs, à l'adolescence, on se définit moins par des critères physiques qu'en faisant référence à des traits durables, à une philosophie personnelle et à des normes morales. R. Montemayor, dans une revue de psychologie intitulée Le Développement de la conscience de soi, rapporte la façon dont se définit une jeune fille de 17 ans : « *Je suis un être humain. Je suis une fille. Je suis une personne. Je ne sais pas qui je suis. Je suis Capricorne. Je suis indécise. Je suis ambitieuse. Je suis très curieuse. Je suis solidaire. Je suis pour la démocratie. Je suis radicale. Je suis conservatrice. Je suis athée. Je ne suis pas une personne que l'on peut classer. D'ailleurs, je ne veux pas être classée.* »

Combattre les idées reçues

Cette quête d'identité se double d'idées reçues qui sont légion dans le domaine de l'orientation. En voici trois incontournables.

« *Un seul métier me correspond vraiment.* »

Si, comme nous l'avons déjà largement évoqué, chacun d'entre nous a des talents, des intérêts et des motivations qui feront qu'il se sentira mieux et sera plus efficace dans une activité professionnelle plutôt qu'une autre, il n'y a pour autant pas une seule voie possible de réussite. Comme vous le verrez plus loin, les talents permettent au contraire d'accéder à une véritable palette de choix possibles parmi un groupe d'activités faisant précisément appel à ces talents. Par ailleurs, il n'est pas rare que des personnes prennent du plaisir dans l'exercice d'une activité qui, au départ, ne correspondait pas particulièrement à leurs talents de base. La vie, et c'est heureux, connaît mille et un détours et l'être humain n'est pas réductible à un unique rôle.

« *Le choix que j'ai à faire m'engage pour toute la vie.* »

Cette idée reçue est une source d'indécision assez fréquente. Elle prouve que la perception des choses se transmet d'une génération à l'autre et met du temps pour évoluer. En effet, ceux qui, parmi nos enfants, passeront leur vie professionnelle en exerçant un seul et même métier ne seront certainement pas légion. D'ores et déjà, technologies et mondialisation de l'économie aidant, les activités professionnelles changent et les individus sont contraints, de plus en plus fréquemment, de se réorienter, voire de se reconvertir totalement. Plus que de choisir un métier pour la vie, il s'agit d'identifier le type d'activité professionnelle le plus susceptible de correspondre aux talents, aux intérêts et aux motivations de votre enfant. C'est seulement ainsi qu'il pourra ensuite choisir plus aisément parmi les postes qui lui seront proposés.

Tout le monde aspire, sinon à la notoriété, du moins à une certaine reconnaissance de la part de son entourage. Preuve que la sphère professionnelle reste un miroir important et une source d'identité sociale. Toutefois, positionner sa recherche de manière trop ambitieuse peut, dans certains cas, être facteur d'indécision et donc d'anxiété. Avoir de l'ambition, vouloir réussir et exercer une activité professionnelle valorisante n'est bien sûr pas une tare. Mais, outre le fait que la réussite professionnelle ne remplacera jamais la valeur personnelle, c'est prendre le risque de choisir en fonction des modes. Attention au phénomène de la girouette, car les modes d'aujourd'hui ne seront pas forcément celles de demain.

Vous devrez certainement aider votre enfant afin que, tel Ulysse, il ne se laisse pas trop séduire par les sirènes de la mode. Plus un métier attire et moins les débouchés risquent d'être favorables, car les voies qui y

« *J'ai un petit projet en tête, mais je ne sais pas si j'y arriverai. Je voudrais être producteur et architecte d'intérieur, c'est-à-dire décorer des scènes de cinéma, et en même temps, je souhaiterais avoir un cabinet d'architecte d'intérieur où des gens pourraient demander de faire le décor chez eux. Je m'intéresse pas mal au feng shui, c'est pour ça que je voudrais remettre de l'ordre dans des maisons avec une bonne circulation de l'énergie. En même temps, j'hésite avec l'hôtellerie, c'est-à-dire : diriger un hôtel en arrangeant le décor, résoudre ce qui ne va pas, être dans mon bureau devant mon PC… Malheureusement, j'ai de gros problèmes pour réaliser ces projets. Je n'aime pas les études : apprendre des leçons inutilement, retenir, oublier, faire des devoirs…* »

Damien, 14 ans

« Au plus profond de moi, j'aimerais (je crois) faire quelque chose de manuel comme la peinture, le dessin ou la sculpture, mais c'est vrai que n'en ayant jamais fait et n'étant pas très bonne en dessin, je me dis que j'aurai du mal à y arriver. Et surtout, ce serait changer totalement de parcours professionnel et peut-être que ça me ferait peur (de me planter !). Je me rends compte que beaucoup de domaines m'attirent : la danse et la mode, par exemple, mais j'ai l'impression que c'est quelque chose d'inaccessible, parce c'est peut-être trop tard (j'ai 22 ans) et que je n'ai jamais travaillé dans ces filières, c'était plus du loisir que du professionnel… »
Solenn, 22 ans

mènent risquent fort d'être embouteillées. De plus, s'il raisonne à partir d'images toutes faites, votre enfant risque fort les déconvenues, car la réalité ne correspondra peut-être pas à l'image qu'il s'était laissé imposer. Inversez la vapeur en l'aidant à repartir de lui-même à la recherche de l'information utile et confirmer ses premières idées. Sachez que, même dans un secteur qui paraît bouché, celui qui est vraiment motivé pourra dans tous les cas plus facilement y « faire son trou » qu'un candidat non motivé.

« *Je ne suis jamais certain de faire le bon choix.* »

Y a-t-il seulement un bon choix ? Paradoxalement, le bon choix, qui induit l'idée qu'il n'y aura qu'un choix unique (voir ci-dessus), ne s'assimile-t-il pas à une voie de garage ? En effet, lorsqu'on n'a qu'un seul choix, n'est-ce pas simplement parce que les contraintes extérieures sont trop fortes ? Vouloir être sûr de faire le bon choix est souvent une façon de ne pas vouloir choisir. C'est aussi prendre le risque de perdre un temps précieux en tergiversations quand d'autres savent utiliser leur indécision pour se laisser porter en partie par leur envie et leur intuition.

SE FIER À SON INTUITION

Dans notre monde en perpétuel mouvement, l'indécision constitue un vrai paradoxe. D'un côté, il faut être un peu indécis pour ne pas s'arc-bouter sur des choix par trop définitifs qui empêcheraient de saisir une opportunité intéressante (et imprévue). D'un autre côté, l'indécision peut facilement mener à l'anxiété, ce qui n'est jamais bon, car on se sent alors sans moyens et l'on peut encore moins facilement faire des choix. Mais alors, que faire ?

« *Lorsqu'on est perdu en montagne et que quelqu'un vient à passer, on peut toujours lui demander son chemin. Mais si dix ou vingt personnes arrivent à ce moment-là et que chacune d'entre elles nous conseille, avec conviction, une voie différente, on se sent tout aussi perdu qu'avant. Il ne reste plus alors qu'à tâcher de penser par soi-même, en sachant qu'on ignore encore la vérité* », écrit Colas Duflo en introduction d'un petit guide de philosophie pratique intitulé Pour des morales par provision (éditions Labor et Fides).

La force de l'intuition

Dans un monde complexe, ouvert et incertain, un monde où tout change en permanence et où il n'existe plus d'itinéraires en prêt-à-porter (chaque itinéraire étant individuel et sur mesure, comme nous l'avons vu dans les modules précédents), comment s'orienter sans s'en remettre à soi-même ? Rassurez-vous, cela ne signifie pas que personne ne peut aider votre enfant, à commencer par vous. Néanmoins, celui-ci a un rôle essentiel et éminent à jouer dans son orientation, un rôle totalement irremplaçable. En un mot, il est la seule personne qui pourra finalement prendre cette décision qui le concerne, et seulement lui.

Reprenons l'exemple qui nous est donné par Colas Duflo. Imaginons que votre enfant soit réellement perdu en montagne et qu'en effet, parmi la dizaine de personnes auxquelles il demande son chemin, aucune ne lui indique la même direction. Que faire ? Un seul moyen : se fier à son intuition et à son bon sens. Dans l'incertitude et sans vrais repères, comment faire autrement que de s'en remettre à sa propre boussole, que l'on peut appeler l'intuition ?

« J'ai l'impression de ne pas être sur la bonne voie pour choisir : quand je pense à suivre une prépa MP, je me dis que l'enseignement généraliste me plaira certainement, mais que finir ingénieur pour travailler 70 heures par semaine en déclarant 35 heures et me trouver à la retraite à 50 ans ne ressemble pas à l'idée que je me fais de mon futur métier. Alors, j'ai pensé à faire médecine, mais comme ceci représente dix ans d'études et que je suis prêt à m'engager dans cette voie sans motivation particulière, je me demande si c'est une bonne idée de me rabattre sur cette option par défaut… »
Benoît, 18 ans

Parce qu'elle ne repose sur aucun raisonnement logique, il est souvent difficile de se fier à son intuition. C'est pourtant une méthode indispensable pour saisir une réalité. Parlez-en aux chercheurs. L'intuition synthétise souvent plus d'informations et d'impressions qu'une analyse rigoureuse. « *C'est par la logique qu'on démontre, c'est par l'intuition qu'on invente* » aimait à dire le grand savant Henri Poincaré.

Votre enfant ne possède pas toute l'information et il n'a pas encore l'expérience de ce type de situation ? Aidez-le à « imaginer l'inimaginable » : qu'est-ce qui le rendrait vraiment heureux ? Qu'aimerait-il faire dans tel ou tel secteur d'activité ? Que se passerait-il s'il exerçait tel métier ? Comment peut-on imaginer l'évolution de ce métier ? Comment se voit-il dans cinq ans, dans dix ans ? Incitez-le à faire ce brainstorming (littéralement, « orage dans le cerveau ») avec un ou plusieurs amis. Cette expérience peut s'avérer à la fois drôle et intéressante.

RAISONNER EN TERMES DE COMPÉTENCES

Il est bien sûr plus facile de raisonner en termes de métier qu'en termes de compétences que l'on voudrait pouvoir exercer. La notion de métier plonge ses racines loin dans notre histoire. Dans notre civilisation, son expression la plus caractéristique se situe au Moyen Age avec les corporations de métiers : un milieu social, un apprentissage réalisé et sanctionné par les pairs à travers une succession d'épreuves, une hiérarchie forte (de l'apprenti jusqu'au maître ouvrier), un savoir professionnel précis, avec des règles à respecter mais aussi avec la notion de qualité du produit (meuble, réalisation dans le domaine du bâtiment ou encore production boulangère). Encore aujourd'hui, « avoir un métier » reste plus valorisant « qu'occuper un emploi ».

Métier ou vocation ?
Si la notion de vocation est le plus souvent attachée aux métiers de la création artistique, de la recherche scientifique ou encore de la religion, selon une enquête du Credoc (Centre de recherche pour l'étude et l'observation des conditions de vie) réalisée en 1999, pour 42 % des jeunes de 15 ans, réussir sa vie professionnelle, c'est réaliser une passion.

Pourtant, raisonner en termes de compétences est, dans une recherche d'orientation, plus efficace que raisonner en termes de métier. En effet, les compétences sont directement liées à des actions concrètes et précises. Un métier fait d'ailleurs le plus souvent appel à plusieurs compétences. Par ailleurs, même lorsqu'elle est technique et qu'elle suppose un

Les véritables attentes des salariés

La recherche d'un équilibre entre vie professionnelle et vie personnelle est désormais un paramètre essentiel dans le choix des salariés des entreprises. Voici les résultats de plusieurs enquêtes sur la question.

- 83 % des salariés recherchent une bonne ambiance, 79 % de l'intérêt pour leur travail et 72 % un épanouissement. (Sondage Ifop, janvier 2001)
- Les demandes les plus fréquentes des salariés faites aux ressources humaines sont, en priorité, la conciliation de leur vie personnelle et professionnelle. (Etude Hewitt – Accor, mars 2002)
- L'évolution des organisations familiales (foyers bi-actifs, familles monoparentales, etc.) et des rythmes de travail : en France, 80 % des femmes qui travaillent ont au moins un enfant à charge. (Insee – Dares, 2002)
- 72 % des salariés français déclarent souffrir du stress. (Liaisons sociales – CSA, 2000)

apprentissage particulier, une compétence donnée est toujours liée à une sorte de prédisposition. Prenons un exemple : pour bien réussir dans la mécanique, il faut éprouver une certaine attirance pour le travail manuel, il faut aimer le concret. Vous pouvez toujours chercher à initier à cette technique quelqu'un qui ne s'intéresse qu'aux chiffres ou à la littérature, vous n'en ferez jamais un bon mécanicien, simplement parce que la technique ne l'attire pas (dans notre hypothèse, bien sûr, car on peut être attiré tout à la fois par les mathématiques et la technique). Comme nous l'avons vu en détail dans le chapitre II « Des intérêts et des valeurs pour la vie » de la partie II, les intérêts sont porteurs de compétences et constituent de solides motivations pour réaliser une activité plutôt qu'une autre.

C'est la raison pour laquelle les compétences que votre enfant aimerait exercer constituent une excellente approche de ses choix d'orientation. Il s'agit d'une notion plus concrète que celle de métier. Qui plus est, partir des compétences permet à votre enfant de ne pas cantonner sa réflexion à un unique secteur professionnel et, pire, à une unique idée de métier. En effet, une compétence peut s'exercer dans des métiers qui paraissent, à première vue, totalement éloignés les uns des autres. Pour reprendre l'exemple de la technicité, celle-ci correspond de manière générale au besoin de s'exprimer avec son corps et concerne donc des secteurs aussi divers et variés que l'industrie, le sport, les arts appliqués ou encore certaines fonctions paramédicales. Pour vous aider dans cette tâche, référez-vous aux deux ouvrages que j'ai également publiés aux éditions Studyrama : *Pour quel métier êtes-vous fait ?* et *Pour quelles études êtes-vous fait ?*, tous deux construits à partir du profil TRICAM.

2 - EXISTE-T-IL ENCORE DES MÉTIERS D'AVENIR ?

Dans les dix prochaines années, le nombre de postes à pourvoir devrait nettement augmenter quand la génération du *baby-boom* arrivera en fin de carrière. Pour la première fois depuis les années 70, le nombre de personnes partant en retraite sera égal, voire supérieur, à celui des jeunes sortant du système éducatif. Ce constat d'une étude commanditée conjointement par le ministère du Travail et le commissariat au Plan est plutôt une bonne nouvelle pour nos enfants, même s'il ne s'agira alors pas toujours de postes très qualifiés. Voici un résumé de cette enquête.

L'évolution du paysage professionnel de l'emploi en France entre 2005 et 2015 prolonge les grandes tendances observées par le passé. L'économie devrait ainsi poursuivre sa tertiarisation. Il y aura toujours plus de cadres, mais aussi toujours plus d'emplois peu qualifiés dans les services. Les métiers industriels devraient décliner à nouveau, après la brève embellie de 1998 à 2001. Le repli des travailleurs indépendants dans l'agriculture, le petit commerce et l'artisanat se poursuivra.

TOUJOURS PLUS D'EMPLOIS TERTIAIRES

Au cours des dix prochaines années, il y aura davantage d'informaticiens, de cadres commerciaux, administratifs, comptables et financiers. Les entreprises auront, en effet, des besoins d'expertise beaucoup plus importants : études de marché, mercatiques, audits, conseils juridiques. Pour les informaticiens, l'emploi progressera toutefois moins vite qu'à la fin des années 90. L'emploi qualifié se développera aussi fortement dans le conseil en recrutement, la formation professionnelle et la communication, même si les effectifs en jeu seront plus faibles.

Les postes à pourvoir seront aussi très nombreux à tous les niveaux de qualification dans certaines filières en expansion. Ainsi, comme les échanges de marchandises se développeront et que la concurrence sera plus vive, les besoins seront plus importants dans le secteur de la logistique (conducteurs de véhicule, ouvriers qualifiés de la manutention et de la gestion des stocks) et dans les fonctions commerciales (représentants et attachés commerciaux). Autre exemple, avec le vieillissement de la population, il faudra de plus en plus d'infirmières et d'aides-soignants au sein des établissements d'hébergement (hôpitaux, maisons de retraite, etc.) ou dans les services de soins à domicile.

Dans la fonction publique également, les départs à la retraite se concentreront sur les toutes prochaines années. Cependant, ces départs ne seront remplacés qu'en partie. Ainsi, le nombre d'enseignants pourrait stagner avec la stabilisation de la population scolarisée. L'emploi devrait même baisser dans les fonctions administratives pures.

Les postes à pourvoir seront aussi très nombreux parmi les aides à domicile, les employés de maison, les assistantes maternelles et les agents d'entretien. Qu'il s'agisse de besoins d'aide aux personnes dépendantes ou de besoins insuffisamment satisfaits comme les gardes d'enfants, ces emplois considérés comme peu qualifiés devraient se développer dans les prochaines années. Ils offrent actuellement un accès au marché du travail à des femmes peu diplômées ou restées longtemps inactives. Mais la situation professionnelle de ces personnes est souvent fragile. Aujourd'hui, les horaires de ces métiers sont fragmentés, décalés et surtout réduits, entraînant des rémunérations souvent très faibles. De plus, les perspectives d'évolution professionnelle vers d'autres emplois sont encore rares. Le « plan Borloo » sur les métiers des services à la personne prévoit de relever le niveau de qualification des professionnels de ce secteur. On peut aussi penser que ces métiers s'articuleront au milieu de nombreux autres métiers dans la qualité de la vie (conseil personnalisé, jardinage, bricolage, transport, etc.), ou encore dans la culture et les loisirs (écrivain public, mémorialiste pour l'écriture de biographies, etc.). Ce phénomène rendra sûrement beaucoup de métiers de services aux personnes plus attractifs et plus valorisants. On peut tout à fait imaginer que, dans le monde de demain, les personnes seront valorisées pour leur apport individuel à la société. C'est en tout cas une des thèses développées par Alain Minc dans son dernier opus, *Le Crépuscule des petits dieux* (éditions Grasset).

LA PROMOTION INTERNE : UNE SOLUTION POSSIBLE DANS LES GRANDES ENTREPRISES

Tous les postes « libérés » ne seront bien sûr pas systématiquement accessibles aux jeunes actuellement encore en formation. De nombreux actifs changent d'emploi au cours de leur vie professionnelle. Aujourd'hui, six salariés sur dix n'occupent plus le même emploi qu'il y a cinq ans. Les individus évoluent, par choix ou par contrainte, sur un large spectre de métiers. A l'avenir, ces mobilités professionnelles (en provenance du chômage, d'un autre emploi ou du système éducatif) pourront donc largement modérer ou accentuer la hausse des postes à pourvoir dans la plupart des familles professionnelles.

Au sein des grandes entreprises, les postes qualifiés pourraient être en partie pourvus par des promotions de salariés déjà en place. Les besoins de recrutement se reporteraient alors largement sur des postes moins qualifiés. Il existe en effet souvent dans les grandes entreprises un vivier de salariés parfois très diplômés et susceptibles d'occuper des postes plus élevés, grâce à leur expérience et à des formations suivies en interne. Dans les secteurs de la banque et de l'assurance, par exemple, les postes à pourvoir pour des fonctions d'encadrement seront particulièrement nombreux, car ces métiers sont actuellement occupées par des salariés déjà âgés. Les recrutements extérieurs se reporteront alors en partie au niveau des professions intermédiaires sur des profils renouvelés, avec moins d'administratifs et plus de commerciaux, selon l'Observatoire des métiers de l'assurance. Ces modifications dans les recrutements pourraient être assez répandues dans les administrations des grandes entreprises.

A contrario, dans les entreprises de plus petite taille, les possibilités de mobilité interne sont plus limitées. De ce fait, les entreprises pourraient n'avoir d'autre solution que de proposer des niveaux de salaire élevés pour attirer une main-d'œuvre expérimentée. Les forts besoins en postes d'ouvriers qualifiés du gros œuvre (maçons, charpentiers, etc.) pourraient entraîner des tensions salariales, comme ce fut le cas entre 1998 et 2001.

L'importance du nombre des postes à pourvoir devrait offrir des opportunités aux salariés pour améliorer leur situation professionnelle et faciliter les recrutements dans les métiers les plus recherchés. Ainsi, les salaires offerts devraient attirer de nombreux actifs vers les emplois de cadres commerciaux où les postes à pourvoir seront très importants. En effet, si leur recrutement nécessite souvent quelques années d'expérience, il reste assez ouvert. Il peut valoriser les compétences en technique de vente et offrir des opportunités de promotion en interne ou en externe pour les attachés commerciaux, les représentants ou les intermédiaires du commerce. Il peut aussi s'appuyer sur la connaissance du produit vendu et donc être ouvert à des techniciens ou à des ingénieurs.

L'attractivité d'un emploi dépend aussi des avantages qu'offre l'entreprise. La fonction publique, en offrant la sécurité de l'emploi, est à ce titre un employeur à part. De plus, elle aura de nombreux postes à pourvoir ces prochaines années. Les entreprises du secteur privé, surtout celles qui ne pourront pas offrir des perspectives de carrière, devront faire face à cette concurrence à tous les niveaux de qualification : des cadres et professions intellectuelles supérieures aux agents de services.

D'ores et déjà, la fonction publique embauche un tiers des jeunes diplômés de l'enseignement supérieur et les limites d'âge ont été supprimées pour la majorité des procédures de recrutement. *A priori*, sur les segments les plus qualifiés, si les individus anticipent de faibles risques de rester durablement au chômage, l'attractivité relative de la fonction publique baissera. Les postes d'enseignants, notamment dans les matières scientifiques, pourraient être difficiles à pourvoir, surtout si les étudiants s'orientent moins vers des formations universitaires longues offrant des débouchés plus réduits et socialement moins valorisés que d'autres cursus. Inversement, les emplois les plus instables du secteur

Cette partie « Existe-t-il encore des métiers d'avenir ? » est largement inspirée de l'enquête « Les métiers en 2015 : l'impact du départ des générations du baby-boom », commanditée par le ministère du Travail (Dares) et le commissariat au Plan. Vous retrouverez la totalité de l'enquête sur le lien Internet suivant : www.travail.gouv.fr/IMG/pdf/PIPS_50.1_les_Metiers_horizon_2015.pdf

privé auront du mal à être pourvus s'ils sont en concurrence avec des offres d'emploi de la fonction publique.

POLYVALENCE OU SPÉCIALISATION ?

La hausse du nombre de postes ouverts et les difficultés de recrutement éventuellement associées seront, dans les prochaines années, un élément important de transformation des modes d'organisation du travail et des profils d'embauche.

D'après les différentes études prospectives menées au sein des branches professionnelles, de nombreuses administrations et entreprises, y compris dans l'industrie, tendent à évoluer vers deux formes d'organisation du travail, toutes deux permettant d'offrir une gamme complète de prestations personnalisées à leurs clients ou usagers. Certaines entreprises favorisent la polyvalence de leurs salariés et permettent à chacun d'entre eux d'adapter, de manière autonome, son travail aux contraintes et demandes du client. Une telle organisation leur offre une très grande souplesse et une bonne réactivité aux évolutions du marché. Ainsi, dans le secteur de la réparation automobile, les transformations du contenu technique des véhicules et la tendance à une prise en charge globale de l'entretien du véhicule pourraient conduire les petits garages à chercher à recruter des ouvriers déjà très qualifiés, polyvalents, et ayant une double compétence en mécanique et en électronique, faute de pouvoir les former en interne. Les employeurs pourraient rencontrer des difficultés à recruter ces profils, alors que les personnes moins qualifiées et spécialisées uniquement dans la mécanique auraient des perspectives d'emploi réduites. D'autres entreprises, au contraire, rationalisent fortement leur intervention, en précisant et en hiérarchisant les tâches de chacun de leurs salariés, par exemple en séparant la définition des prestations de leur réalisation. La hausse du nombre de postes à pourvoir viendra à l'avenir remettre en cause ce type d'organisation.

Dans les secteurs de l'hôpital, des maisons de retraite et des soins à domicile, les restrictions liées aux *numerus clausus* applicables aux médecins et aux infirmières vont conduire à de fortes tensions dans ces métiers. C'est pourquoi les recrutements d'aides-soignants et d'agents de service hospitalier devraient continuer. Ces personnels seront alors chargés d'une partie des tâches d'aide aux malades et aux personnes âgées, anciennement dévolues aux infirmières. Une telle évolution pourrait offrir, moyennant des formations adaptées, des débouchés à des personnes actuellement éloignées du marché du travail. Mais elle pourrait entraîner des difficultés entre les différents intervenants pour identifier et reconnaître les actes effectués par chacun et ouvrir des perspectives de carrière aux moins qualifiés. La hausse du nombre de postes à pourvoir conduira ainsi à des changements importants dans les modes de recrutement et d'organisation du travail.

NOTES

NOTES

NOTES

NOTES

NOTES

NOTES

NOTES

NOTES

NOTES

NOTES

NOTES

NOTES

NOTES

NOTES

NOTES

NOTES

NOTES

NOTES

NOTES

Collection Guides J
Studyrama

	Références
EMPLOI	
100 CV et lettres de motivation spécial jeunes diplômés	***332***
100 erreurs à éviter en entretien d'embauche	***321***
100 modèles de CV	***214***
100 modèles de lettres de motivation	***215***
100 modèles de tests de recrutement	***276***
100 questions posées à l'entretien d'embauche	***216***
Bien préparer son entretien d'embauche	***331***
Bien répondre aux questions des recruteurs	336
CV et lettre de motivation spécial filières professionnelles	***326***
La lettre de motivation efficace	***208***
Le CV gagnant	***207***
Le guide des concours de la fonction publique	***1001***
Rédiger son CV en anglais	***335***
Réussir les tests de recrutement	***233***
Réussir sa lettre de motivation	***330***
Réussir son entretien d'embauche	***206***
Trouver un emploi sans diplôme	***259***
Trouver un job ou un stage à l'étranger	***293***
METIERS	
Intégrer la fonction publique internationale	***274***
L'encyclopédie des métiers	***334***
Le guide des métiers d'avenir	***254***
Le guide des métiers de la santé	***294***
Le guide des métiers du tourisme et de l'hôtellerie-restauration	***337***
Les métiers de l'aéronautique et de l'aviation	***278***
Les métiers de l'agriculture et de l'agroalimentaire	***268***
Les métiers de l'audiovisuel	***220***
Les métiers de l'automobile et de la moto	***282***
Les métiers de l'humanitaire et du développement	***209***
Les métiers de l'immobilier	***320***
Les métiers de l'informatique	***251***
Les métiers de l'urbanisme et de l'architecture	***284***
Les métiers de la banque-finance-assurance	***286***
Les métiers de la chimie et de la biologie	***311***
Les métiers de la communication	***228***
Les métiers de la comptabilité et de la gestion	***296***
Les métiers de la création	***221***
Les métiers de la culture	***235***
Les métiers de la fonction publique territoriale	***219***
Les métiers de la grande distribution	***238***
Les métiers de la justice	***283***
Les métiers de la mer	***253***

ORIENTATION

© GROUPE STUDYRAMA
34/38, rue Camille-Pelletan - 92309 Levallois-Perret cedex
Imprimerie Darantiere - 21801 Quetigny
Imprimé en France - 3e trimestre 2008 - N° d'impression : 28-1065

Service éditorial : Elsa Goisnard, Manuella Guillot, Fabienne Texier
Conception graphique : Catherine Aubin
Crédit photographique : DR

Dépôt légal à parution - ISBN 978-2-7590-0168-2